SPORTABLES

KARIN LAMBRECHTSE & ELINE VAN DER RAAD

Uitgeverij Loopvis

COLOFON

Dit boek is een uitgave van Loopvis

© **TEKST:** Karin Lambrechtse en Eline van der Raad
© **VORMGEVING:** Rocket Industries
© **FOTOGRAFIE:** Saskia Lelieveld

REDACTIE: Marije Sietsma en Jabik Jan Bastiaans
EINDREDACTIE: Joost Broeren

Dit boek is duurzaam gedrukt door Drukkerij Tienkamp in Groningen.
Juli 2016
Loopvis, Groningen / Velp
ISBN: 978-94-91106-22-0

WWW.SPORTABLES.NL ■ **WWW.LOOPVIS.NL**

INHOUDSOPGAVE

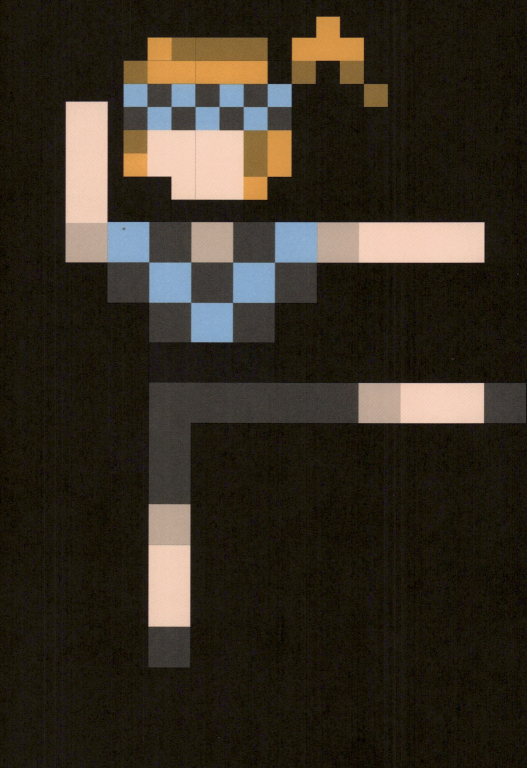

INLEIDING

WAAROM SPORTABLES?

Zonder goede voeding kun je niet optimaal presteren. Dat geldt zeker voor fanatieke sporters en mensen met een druk leven. Een goede basisvoeding is voor iedereen van belang. Wat je eet bepaalt tenslotte voor een belangrijk deel hoe je je voelt. Het beïnvloedt je gezondheid en je functioneren, maar ook je sportprestaties en de manier waarop je herstelt na inspanning of van een blessure. Maar naast die basis, kun je als sporter nog wel wat extra's gebruiken.

De juiste voeding voor, tijdens en na het sporten helpt om je prestaties te optimaliseren en te verbeteren. In dit boek staat precies wat je nodig hebt om goed voorbereid van start te gaan, wat je precies verbruikt tijdens het sporten en wat je nodig hebt om je tekorten zo snel mogelijk aan te vullen voor een goed herstel.

Met behulp van dit boek maak je voortaan je eigen on-the-go sportvoeding! Van allround sportrepen en eiwitbonbommen tot pasta partymuffins. Allemaal volgens de Richtlijnen Wedstrijdsport en op basis van de meest recente onderzoeken. Zo bevatten al je SPORTables precies wat jij nodig hebt.

Natuurlijk scheren we niet alle sporters over één kam. Er zijn recepten voor duur, team- en krachtsporters, maar ook gezonde tussendoortjes voor vliegensvlugge workaholics. Daarnaast vind je ook een aantal dranken voor diegenen die het lastig vinden vaste voeding te eten tijdens het sporten.

WAAROM ZELF SPORTVOEDING MAKEN?

In de supermarkt vind je rekken vol 'gezonde' repen en ook in sportwinkels en natuurvoedingszaken is steeds meer sportvoeding te koop. Vaak in prachtig vormgegeven verpakkingen. Toch loont het beslist de moeite om zelf de keuken in de duiken. Waarom?

- Je weet precies wat je binnen krijgt: 100% natuurlijke ingrediënten.
- Het is goedkoper.
- Het is snel en makkelijk. Als je kunt meten, mengen en kneden dan kun je ook een energiereep maken.
- Het is gezonder: in je eigen SPORTables zitten minder geraffineerde suikers, geen conserveringsmiddelen, geen toegevoegde geur- en smaakstoffen én geen genetisch gemodificeerde ingrediënten. En wel goede vetten.
- Zelf maken betekent sportvoeding als een maatpak; wat je eet (of drinkt) is nauwkeurig afgestemd op jouw sportwensen én smaak.
- Je kunt rekening houden met allergenen en eetstijl.

En ja: het kost wat meer tijd en moeite dan wat reepjes inslaan bij een winkel. Gelukkig lenen de meeste recepten zich prima voor het maken van meerdere porties in één keer. Zo leg je binnen een handomdraai een mooie voorraad aan.

GEEN LEKKERE-TREK-SNACK

De SPORTables in dit boek zijn niet bedoeld als lekkere snack voor tussendoor. Sommige recepten leveren heuse koolhydraat- of eiwitbommen op. Ideaal als sportsnack, maar niet zo handig bij een aanval van lekkere trek. Ook hebben we de smaak van een aantal repen bewust vrij neutraal gehouden, omdat niet iedereen uitgesproken smaken waardeert tijdens een zware inspanning.

De recepten in het hoofdstuk Middagdip zijn iets anders samengesteld. Deze bevatten vaak wat minder koolhydraten en juist weer iets meer vet en vezels. Maar ook dan geldt: vergrijp je niet aan handenvol oreo's, wortelbollen of goedgevulde notenrepen, omdat ze zoveel gezonder zijn dan 'gewone' snacks. Alles draait om de energiebalans. Als er meer ingaat dan je verbruikt, zal je gewicht toenemen.

HOE LANG KUN JE EEN SPORTABLE BEWAREN?

Vers zijn ze natuurlijk het lekkerst, maar soms is het wel zo efficiënt om een voorraadje aan te leggen. Pak de SPORTables dan goed in, zodat er geen zuurstof bij kan en bewaar ze in de koelkast of (als een recept zich hiervoor leent) in de vriezer.

- Repen, bollen en ballen kun je tot drie dagen (gekoeld) bewaren.
  Invriezen kan bij de meeste ook goed.
  Let hiervoor op het invriesicoon ❄ bij de recepten.
- Wafels, broden, cake, muffins en pannenkoeken blijven tot twee dagen goed.
  Bewaar ze bij voorkeur afgedekt in de koelkast.
- Smoothies en eiwitshakes zijn niet geschikt om te bewaren. Drink ze direct op na het maken, of bewaar ze gekoeld en drink ze binnen 24 uur.
- Sportdranken, energiedranken en infused waters kunnen prima een dag mee. Gebruik je een recept met plantaardige melk? Dan kun je de drank gekoeld tot 4 dagen bewaren.
- Voor alle recepten met whey eiwitpoeder geldt: binnen 24 uur opeten. Ervaring heeft ons geleerd dat de smaak en de geur achteruit gaan. Zeker als je het langer dan een dag ongekoeld in je tas hebt zitten.

HOOFOSTUK

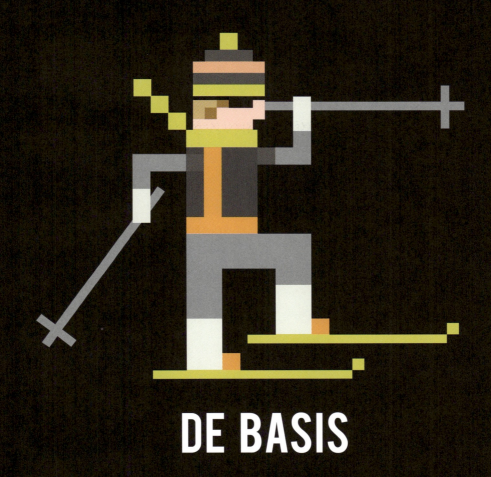

DE BASIS

WEETJE
De eerste energiereep kwam in 1960 op de markt en heette Space Food Sticks. De snack werd gemaakt door het Amerikaanse bedrijf Pillsbury Company. Zij probeerden zo een graantje mee te pikken van de populariteit van het ruimteprogramma.

Tijdens de Olympische Spelen van 1904 won Thomas Hicks goud op de marathon. Hij liep de race bij temperaturen rond de 32 °C met slechts twee plekken langs de route waar de renners iets te drinken kregen. Dertig kilometer na de start vroeg een dorstige Hicks om water. In plaats daarvan kreeg hij een natte spons met eiwit om op te zuigen.

Een aantal kilometers later – Hicks viel inmiddels bijna flauw – kreeg hij wat extra's: twee rauwe eieren, een shotje brandy en een kleine dosis strychnine. Dit laatste was een stofje waarvan men dacht dat het stimulerend werkte. Later werd het vooral gebruikt als rattengif.

Tijdens de laatste twee heuvelachtige kilometers kreeg Hicks nogmaals twee rauwe eieren en twee shotjes brandy; één voor elke heuvel die hij moest beklimmen. Hij won goud, maar was niet in staat om zijn medaille in ontvangst te nemen. Zijn lichaam verkeerde in totale medische nood.

Tot zover de sportvoeding in die tijd.

De basis voor de huidige sportvoedingsindustrie ligt in Zweden. Eind jaren 60 werd daar voor het eerst onderzoek gedaan naar de manier waarop het menselijk lichaam koolhydraten en vetten verbrandt. Inmiddels is de markt voor sportvoeding explosief gegroeid. Naast de grote merken als PowerBar, Maxim, Isostar en Gatorade staan er steeds meer kleinere merken op als Mulebar en BOOOM. Geen wonder dat een hoop fabrikanten een graantje mee willen pikken van die populariteit. Ook als ze eigenlijk niet genoeg kennis in huis hebben over wat er eigenlijk in sportproducten zou moeten zitten.

Binnen het aanbod van sportvoeding bestaan dan ook grote verschillen in kwaliteit, ingrediënten en prijs. Er zijn ontzettend veel verschillende soorten sportvoeding met elk hun eigen gebruikersdoelgroep. Sporters kun je grofweg indelen in drie groepen: duursporters, krachtsporters en teamsporters. Ook die groepen zijn weer onder te verdelen in subgroepen als jeugdsporters, sporters in gewichtsklassen en sporters met een lichamelijke handicap. Maar bijvoorbeeld ook: sporters met diabetes. Voor elke groep gelden nét iets andere richtlijnen en zaken waarmee je als sporter rekening moet houden.

1.1
BESTAANDE REPEN ONTLEED

Van de topsporters geeft 36% aan wel eens energierepen te gebruiken. De meesten doen dit voor of tijdens het sporten. Van de recreatieve sporters neemt ongeveer 56 procent geregeld een energiereep of sportvoedingsproduct en 7% zelfs altijd. We hebben de bekendste en meest gebruikte repen samen met een sportteam ontleed én getest!

TOP 5 VAN TOPSPORTERS

POWERBAR ENERGIZE (46%)	55 gr
ISOSTAR ENERGY BAR (36%)	40 gr
MAXIM ENERGY BAR (7%)	55 gr
SQUEEZY ENERGY BAR (7%)	50 gr
9 BAR (3%)	50 gr

TOP 5 VAN FANATIEK BEWEGENDE CONSUMENT

SNELLE JELLE ONTBIJTKOEK (47%)	70 gr
SULTANA NATUREL (44%) 1 pakje	44 gr
FRUITREEP HUISMERK (40%)	33 gr
EAT NATURAL (31%)	50 gr
B'TWEEN (21%)	25 gr

DE TESTRESULTATEN

POWERBAR – ENERGIZE (BANAAN-PUNCH)
Bedoeld voor: voor & tijdens sporten

Prijzig, minder efficiënt door hoog eiwitgehalte en weinig pure, herkenbare ingrediënten.*

Moeilijk uit verpakking te krijgen.

Taai en plakkerig, sterke tropische banaangeur en smaak.

ISOSTAR – HIGH ENERGY (MULTIFRUIT)
Bedoeld voor: voor & tijdens sporten

Prima prijs en prima inhoud, maar wat klein en weinig pure, herkenbare ingrediënten.*

Zoet en zuur tegelijk.

Erg brokkelig, lastig door te slikken, blijft plakken in je keel en tussen je tanden.

MAXIM ENERGY BAR (CRUNCH-COOKIE)
Bedoeld voor: voor & tijdens sporten

Prima prijs en functionele inhoud.

Wel weinig pure, herkenbare ingrediënten.*

Lekker.

* Met puur en herkenbaar bedoelen we ingrediënten als cashewnoten, suiker, appel en havermout. In tegenstelling tot ingrediënten als maltodextrine, glycerol, emulgator en voedingszuur.

NAKD (CASHEW COOKIE)
Bedoeld voor: tijdens sporten

Eenvoudig en natuurlijk, maar erg klein en veel te vet voor
tijdens het sporten.
Geen prettige geur en nasmaak.
Beetje bitter.

SQUEEZY ENERGY SUPER BAR (COLA CAFEÏNE)
Bedoeld voor: tijdens sporten

Prima samenstelling.
Veel snelle suikers en weinig herkenbare ingrediënten.*
Komt als minst lekkere reep uit de test.
Geen lekkere geur en (na)smaak.

9 BAR (PUMPKIN)
Bedoeld voor: tijdens sporten

Duur, maar puur.
Extreem vet, te veel eiwitten en te weinig koolhydraten.
Levert niet genoeg energie tijdens inspanning.
Lekker, maar veel nootjes en zaadjes tussen je kiezen.
Plakt.

SNELLE JELLE (PEPERKOEK STANDAARD)
Bedoeld voor: tussendoor (geen officiële sportreep)

Met 70 gram de zwaarste reep met de meeste snelle suikers.
Herkenbaar, wel wat droog.

FRUITREEP (APPEL - HUISMERK AH)
Bedoeld voor: tussendoor (geen officiële sportreep)

Goedkoop, te veel snelle suikers en weinig pure, herkenbare
ingrediënten.*
Krokant brokkellaagje met zachte fruitinhoud.
Prima fris-zoete smaak.

SULTANA (NATUREL / STANDAARD)
Bedoeld voor: tussendoor (geen officiële sportreep)

Te veel snelle suikers.
Droog en weinig pure, herkenbare ingrediënten.*
Lekker en herkenbaar, maar te droog.

* Met puur en herkenbaar bedoelen we ingrediënten als cashewnoten, suiker, appel en havermout. In tegenstelling tot ingrediënten als maltodextrine, glycerol, emulgator en voedingszuur.

EAT NATURAL (ALMOND APRICOT)
Bedoeld voor: tussendoor (geen officiële sportreep)

Veel te vet, wel redelijk herkenbare ingrediënten.
Grote brokstukken in de reep.
Een beetje taai en zoet, maar lekker.

B'TWEEN (CHOCOLA-ROZIJN)
Bedoeld voor: tussendoor (geen officiële sportreep)

Te veel snelle suikers en iets te vet.
Weinig pure, herkenbare ingrediënten.*
Als beste uit de test! Lekkere bite en smaak.
Herkenbaar.

HAZELNOOT MUESLI REEP (BASIC AH)
Bedoeld voor: tussendoor (geen officiële sportreep)

Enorm goedkoop, te veel snelle suikers.
Weinig pure, herkenbare ingrediënten.*
Komt als op één na beste reep uit de test.
Lekkere smaak en redelijk zoet.

ALS BESTE GETEST
De B'tween kwam als lekkerste en meest prettige reep uit de test. Van deze reep hebben we een recept van een sportvariant opgenomen. Maar dan met minder rotzooi, zoals (trans) vet en lege calorieën en meer power! Kijk maar eens op bladzijde 153.

DRANKEN

AA HIGH ENERGY (HYPERTOON)
Bedoeld voor: na sporten

Heel herkenbaar, bij veel mensen favoriet.

Bevat te veel suiker voor de meeste sporters en weinig herkenbare ingrediënten.

VITAMINEWATER FRAMBOOS-GRANAATAPPEL (ISOTOON)
Bedoeld voor: tijdens sporten

Prima dorstlesser, maar weinig herkenbare ingrediënten.

Smaakt prima, niet te zuur, niet te zoet.

SPORTDRANK HUISMERK AH (ISOTOON)
Bedoeld voor: tijdens sporten

Goedkoop met sterke nasmaak.

Prima voor tijdens het sporten.

BIETENSAP SHOTJE
Bedoeld voor: voor sporten

Duur, specifieke smaak en werkt (bewezen) prestatieverhogend bij duursport.

ZWARTE KOFFIE
Bedoeld voor: voor sporten

Goedkoop, bitter.

Werkt (bewezen) prestatieverhogend bij duursport.

REDBULL (HYPERTOON)
Bedoeld voor: voor sporten

Sterke geur en smaak en extreem zoet.

Bevat te veel suiker voor de meeste sporters.

Weinig herkenbare ingrediënten.

GEL

SIS GO ENERGY GEL (ISOTONIC GEL LEMON-LIME)
Bedoeld voor: tijdens sporten

Compact, bestaat vooral uit suiker.

Alleen geschikt voor tijdens duursport.

PUUR NATUUR

BANAAN
Bedoeld voor: voor & tijdens sporten

Goed weg te krijgen tijdens inspanning.

Puur natuur, voor supersnelle energie net te traag (pas na zo'n 45 minuten).

DE RESULTATEN OP EEN RIJ

■ De geteste sportrepen en de SPORTables in dit boek bevatten ongeveer evenveel koolhydraten: zo'n 70 gram per 100 gram. De repen uit de supermarkt bevatten iets minder: zo'n 60 gram koolhydraten, waarvan vaak veel snelle, simpele of geraffineerde suikers.

■ Vet is ook niet zo'n handig ingrediënt in je sportreep. Vooral de 9Bar, NAKD en eat natural bevatten veel te veel vet. De 9Bar maar liefst 40 gram! Zonde, want veel vet betekent minder koolhydraten. En juist die heb je nu nodig! Daarbij zorgt vet er ook voor dat je de koolhydraten minder snel kunt opnemen. Niet handig dus tijdens het sporten!

Vet kan wel handig zijn om het hongergevoel te bestrijden, maar mag nooit de koolhydraten in de weg zitten. In onze SPORTables zitten dan ook overwegend koolhydraten.

■ De sportrepen bevatten maar weinig eiwit (5 tot 10 gram per 100 gram), net als onze duurSPORT-ables (4,6 gram). Dit is gunstig: iwitten leveren nauwelijks energie en zijn vooral handig voor je herstel. Vandaar ook dat juist in de SPORTables voor krachtsporters (onder andere) veel eiwitten zitten voor optimaal spierherstel: maar liefst 32 gram eiwit per 100 gram.

■ Vocht tijdens inspanning is enorm belangrijk! In een SPORTable zit gemiddeld 4x meer vocht dan in de sport- of supermarktrepen.

■ De prijs van de SPORTables was gemiddeld 2,5x goedkoper, ondanks dat we voor onze SPORTables 100% biologische producten hebben gebruikt!

■ Een SPORTable bevat pure en (als je daarvoor kiest) niet gemodificeerde, biologische ingrediënten. In een voorverpakte energiereep zitten vaak veel stoffen die je niet nodig hebt en eigenlijk zelfs liever niet wilt eten, zoals geraffineerde suikers, kunstmatige smaak- en geurstoffen, allergenen, houdbaarheid verlengende zuren en soms zelfs transvetten. Een gemiddelde voorverpakte reep bestaat voor meer dan 50% uit onherkenbare ingrediënten. Daar heb je bij een zelfgemaakte reep geen last van. Ook

zonder conserveringsmiddelen zijn de SPORTable in dit boek nog meerdere dagen houdbaar in de koelkast. Sommige repen kunnen zelfs worden ingevroren! Door een paar porties per keer te maken en een deel in de koelkast of vriezer te bewaren heb je altijd een verse SPORTable tot je beschikking!

■ Eén inhoudelijk voordeel hebben de voorverpakte repen wel: er kunnen kunstmatig vitaminen en mineralen aan worden toegevoegd. Dat kun je bij een zelfgemaakte lekkernij niet doen. Maar heb je die toevoegingen per se nodig? Nee. Als het goed is bevat je basisvoeding alle micronutriënten die je nodig hebt. Vaak zijn het ook maar kleine hoeveelheden die ze in de fabriek toevoegen.

De belangrijkste elektrolyten, zoals zouten die je verliest tijdens zweten, zitten ook in een SPORTable en zijn het meest essentieel rondom inspanning.

EN DIE BANAAN OF BOTERHAM MET PINDAKAAS DAN?

Een banaan is een goed en gezond tussendoortje én een prima energieleverancier voor sporters. Het bevat nauwelijks vet en eiwit: perfect. Het lastige van een banaan is wel dat hij veel zwaarder is dan een reepje, een onhandige meeneem-vorm heeft en gevoelig is voor kneuzingen. Ook bevat een banaan maar een derde van de koolhydraten die in een gemiddelde sportreep zitten. De energie uit een banaan komt na 45 minuten vrij in je lichaam. Dat van de gemiddelde energiereep binnen 10 tot 30 minuten.

Veel sporters nemen een boterham met pindakaas en jam mee voor onderweg. Dat kan natuurlijk, maar pindakaas is eigenlijk te vet.

VOOR JE AAN DE SLAG GAAT

Je kunt nog zo goed en hard trainen, wanneer je met je basisvoeding onvoldoende macro- en micronutriënten binnen krijgt, gaan je prestaties er niet op vooruit. Hier lees je alles over in Hoofdstuk 7.

UIT WELKE ONDERDELEN BESTAAT JE BASISVOEDING?

■ KOOLHYDRATEN

Dit zijn de belangrijkste brandstoffen voor je lichaam. Als sporter, maar ook in je dagelijkse leven, heb je elke dag koolhydraten nodig om voldoende energie te hebben.

■ VETTEN

Vetten zijn heel veelzijdig. Ze leveren energie, maar zijn ook belangrijk als bouwstof en bescherming en isolatie van je organen. Er zitten veel verschillende soorten vetten in je voeding. Sommige zijn gezond en nuttig, terwijl andere minder goed voor je zijn.

■ EIWITTEN

Voedingseiwitten (proteïnen) zijn niet bedoeld voor energie, maar zijn de bouwstoffen van ons lichaam. Zo bestaan spieren bijvoorbeeld voor het grootste gedeelte uit eiwitten. Voor sporters zijn eiwitten belangrijk voor spieropbouw, spierbehoud en herstel na een work-out.

■ MICRONUTRIËNTEN

Een aantal vitaminen en mineralen is onmisbaar voor sporters. Natrium bijvoorbeeld. Dit hebben we aan verschillende SPORTables toegevoegd, omdat je het direct nodig hebt als je veel zweet.

■ VEZELS

Vezels zijn onverteerbare koolhydraten die heel weinig energie leveren. Tijdens het sporten zijn ze vooral onhandig, maar als onderdeel van je basisvoeding en bij de recepten in het hoofdstuk Middagdip zijn ze wel belangrijk.

■ VOCHT

Water drinken is noodzakelijk voor een goede gezondheid. Vocht houdt de lichaamstemperatuur op peil, zorgt dat je gewrichten soepel blijven en houdt je alert.

1.2
SPORTABLES
GEREEDSCHAP

Naast de gebruikelijke huis-, tuin-, en keukenspullen zijn er een paar dingen die handig zijn om in huis te hebben als je zelf sportvoeding gaat maken. Een kort overzicht.

GROF GESCHUT:
- blender / keukenmachine
- staafmixer met meng/maalbakje
- nauwkeurige (digitale) keukenweegschaal
- juicer
- wafelijzer

KLEINE HANDIGHEDEN:
- goed scherpe messen
- garde
- maatbeker
- zeef

VORMEN EN SCHALEN:
- muffinvorm (6 of 12 muffins)
- bakplaat
- ovenschaal
- cakevorm
- vierkant bakblik
- siliconenmal voor repen

OVERIG:
- bakpapier
- afkoelrooster
- kaasdoek
- deegroller
- plasticfolie
- SPORTwrap

INPAKKEN & WEGWEZEN

Inpakken van je SPORTables gaat perfect met een stuk SPORTwrap. Dit is aluminiumfolie dat is verstevigd met een laagje kunststof. Zo kun je je SPORTable
makkelijk, plak- en lekvrij inpakken, meenemen en weer uitpakken. SPORTwrap
is bestand tegen temperaturen van min 40 tot plus 220 °C. Je kunt de repen
apart inpakken en zo invriezen. Op die manier kun je met één greep in de
vriezer zo op pad. Vergeet niet om op het pakje te schrijven welke reep erin zit!

1.3 SPORTABLES VOORRAADKAST

De basisvoorraad om met de SPORTable recepten aan de slag te kunnen! Heb je een allergie of niet het juiste product in huis? Mix & match!

GRANEN & MEEL-PRODUCTEN

Amandelmeel
Bakpoeder
Boekweitmeel
Boekweitgrutten
Cornflakes
Havermeel
Havermout
Kokosmeel
Rijstebloem
Speltbloem
Tarwebloem
Wit brood
Witte rijst

ZUIVEL & PLANT-AADIGE ZUIVEL

Crème fraîche (light)
Eieren
Geraspte kaas (20+)
Karnemelk
Magere kwark
Magere melk
Magere melkpoeder
Parmezaanse kaas
Plantaardige melk
Plantaardige yoghurt
Soja proteïne
Whey proteïne

ZADEN, NOTEN & PITTEN

Amandelen
Chiazaad
Hazelnoten
Lijnzaad
Maanzaad
Paranoten
Sesamzaad
Walnoten
Zonnebloempitten

GROENTE, FRUIT & PEULVRUCHTEN

Aardbei
Appel
Avocado
Banaan
Blauwe bes
Doperwt
Linzen (blik)
Mango
Peer
Sinaasappel
Ui
Wortel

GEDROOGD FRUIT

Abrikoos
Cranberrie
Dadel
Papaja
Pruim
Rozijnen

OLIËN & VETTEN

Cacaoboter
Kokosolie
Olijfolie
Roomboter

ZOETMAKERS

Agavesiroop
Honing
Jam
Kokosbloesemsuiker
Palmsuiker
Rijststroop
Suiker

SMAAKMAKERS

Cacaopoeder
Espressopoeder
Gember
Geraspte kokos
Italiaanse kruiden
Kaneel
Mineraalzout (LoSalt)
Munt
Nootmuskaat
Pindakaas
Pure chocolade
Salie
Speculaaskruiden
Tijm
Vanillestokje
Vanille-extract

SAPPEN

Bietensap
Citroensap
Limoensap
Roosvicee ferro
Sinaasappelsap

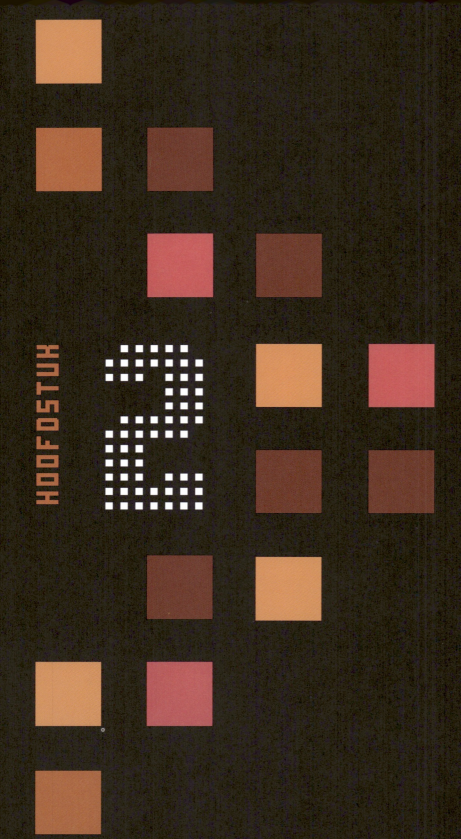

HOOFDSTUK

2

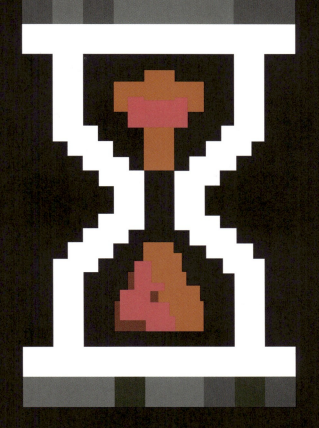

DUURSPORT

DUURSPORTERS ZIJN DE ECHTE DOORZETTERS!

Urenlang onderweg om die ene fantastische prestatie neer te zetten. Of je nu marathons loopt, ambities hebt om de Tour de France te fietsen of jezelf een paar keer per week het snot voor de ogen schaatst. Een duursporter vergt het uiterste van zijn lichaam en verlegt continue zijn grenzen.
Kramp in de kuiten, verzuurde benen, eindeloos afzien…
Het hoort er allemaal bij. Net als een goed voedingsplan!

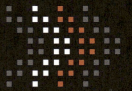

WEETJE
Een getrainde marathonloper verbrandt vier
gram koolhydraten per minuut. Dat staat gelijk
aan twintig boterhammen per uur!

Duursport is voorspelbaar. Als je meedoet aan een hardloopwedstrijd
dan weet je precies hoeveel kilometer je die dag gaat afleggen en
wat de route is. Daarnaast is er niet veel afwisseling in je beweging
of intensiteit. Het gaat er juist om dat je een bepaalde inspanning
langere tijd volhoudt. Of je die inspanning nu levert op de fiets, in
het water of als loper. Sterker nog, als je tussendoor een snelle sprint
trekt of van borstcrawl overschakelt op de rugslag, verspil je alleen
maar kostbare energie! Duursporters zijn de mensen van de lange
adem.

Voorbeelden van duursporten zijn: hardlopen,
wielrennen, schaatsen, zwemmen maar ook zeilen,
wandelen en bergbeklimmen.

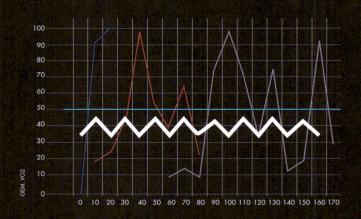

Een marathonloper en een basketballer hebben een totaal
verschillend inspanningspatroon.

Bron: Maughan, R.J. (2000) Nutrition in sports

TIP
Reken op bladzijde 191 je eigen kilocalorieverbruik uit. Hoeveel uur moet je sporten om bij de grote jongens te horen?

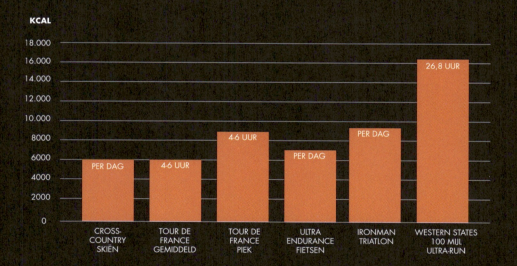

Verbruik in kilocaloriën bij het uitvoeren van extreme duursporten

Bron: Jeukendruk, A (2015)

SPORTABLES EN DUURSPORT

Allereerst is het goed om te weten dat je als duursporter niet altijd iets te eten nodig hebt voor onderweg. Bij een trainingsrondje van een half uur is een flesje water voldoende. Het aanvullen van je energievoorraad gaat vooral tellen wanneer je anderhalf uur of langer onderweg bent.

Tijdens de inspanning zelf is het vaak lastig om iets te eten of te drinken. Alles moet onderweg gebeuren. Je kunt tenslotte geen rustmoment gebruiken om je voorraden aan te vullen. En dan hebben we het nog niet eens over de sporters die na één gelletje al groen en geel zien van misselijkheid. Want áls je onderweg al iets naar binnen krijgt, is het vaak maar de vraag of het ook netjes in je maag blijft zitten. Maar het goede nieuws is: alles is te trainen. Ook eten en drinken terwijl je aan het sporten bent.

Hoe langer je onderweg bent, hoe meer vetten je verbrandt. Dat is handig als je een paar kilootjes wilt afvallen, maar minder praktisch als je bezig bent om een nieuw record te vestigen. Vetten zijn namelijk niet echt snelle jongens. Het kost veel meer tijd om energie te krijgen uit vetten dan uit glucose. Het is dan ook geen overbodige luxe om voor onderweg wat extra koolhydraten mee te nemen. Ideaal om in te nemen voor je die fantastische eindsprint inzet.

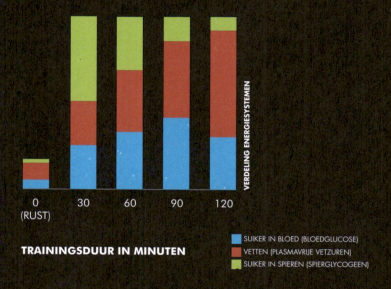

TRAININGSDUUR IN MINUTEN

■ SUIKER IN BLOED (BLOEDGLUCOSE)
■ VETTEN (PLASMAVRIJE VETZUREN)
■ SUIKER IN SPIEREN (SPIERGLYCOGEEN)

Verdeling tussen verschillende soorten brandstof tijdens een duurinspanning

Bron: Maughan, R.J. (2000) Nutrition in sports

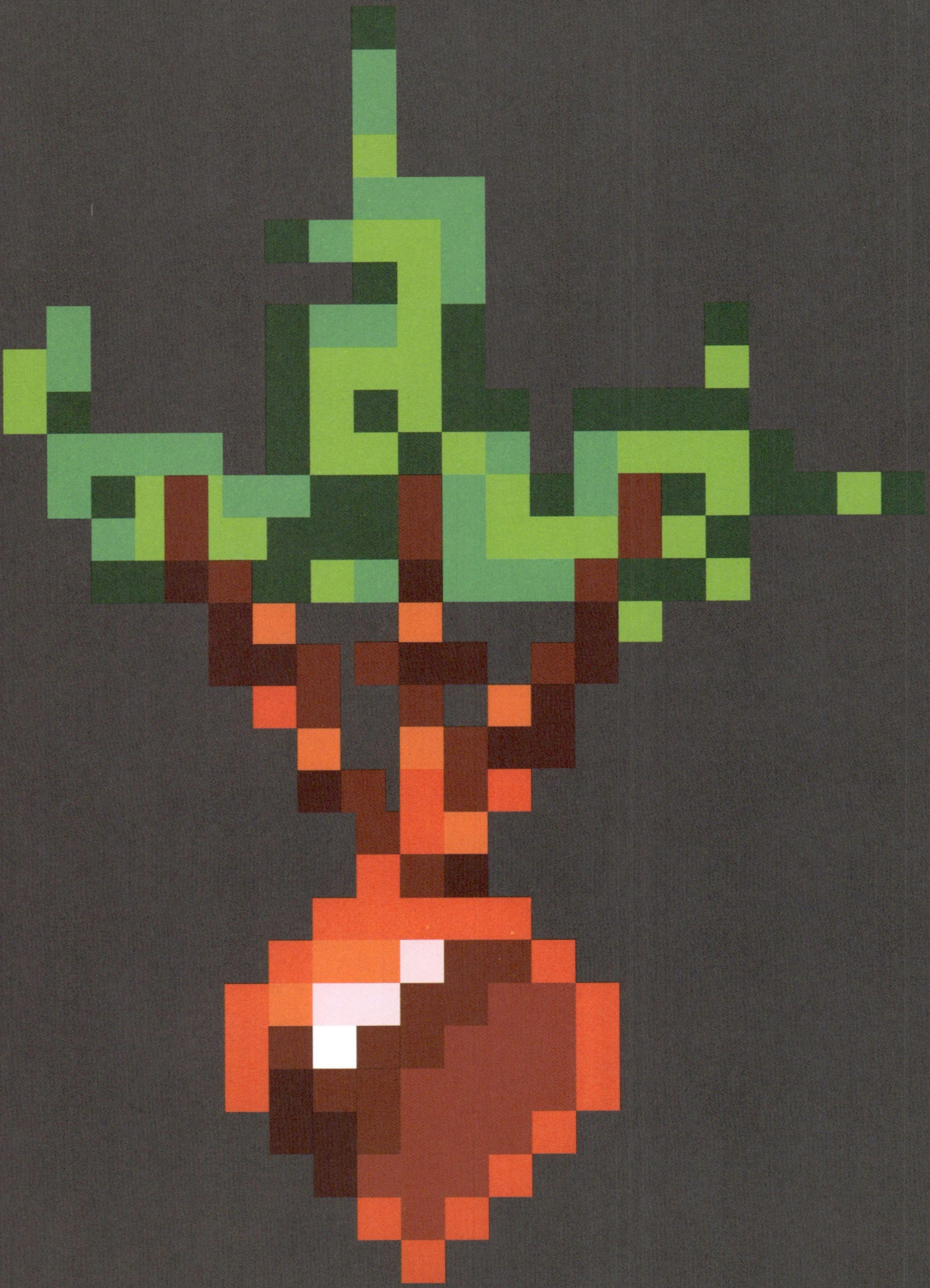

ALGEMENE RICHTLIJNEN
TRAININGS-EN WEDSTRIJDDAGEN

KOOLHYDRATEN

Afhankelijk van de duur en de mate van inspanning.
- Bij lage tot gemiddeld intensieve inspanning:
  5 tot 7 gram per kilo lichaamsgewicht per dag.
- Bij gemiddeld tot zeer intensieve inspanning van
  1 tot 3 uur: 6 tot 10 gram per kilo lichaamsgewicht
  per dag.
- Bij zeer intensieve inspanning langer dan 4 uur:
  8 tot 12 gram per kilo lichaamsgewicht per dag.

EIWIT

1,2 tot 1,4 gram per kilo lichaamsgewicht per dag.

VET

Per dag 20 tot 30 energieprocent vet waarvan maximaal
10 energieprocent verzadigd vet. Kijk op bladzijde 200
om meer te lezen over energieprocenten en de manier
waarop je deze berekent.

VOCHT

Minimaal 1,5 tot 5 liter vocht per dag. Dit is afhankelijk
van de omgevingstemperatuur, type sport, trainingsloca-
tie (binnen of buiten) en natuurlijk van de mate waarin je
zweet. Alles over vocht vind je in het hoofdstuk Drinken.

RUSTDAG

Een duursporter in rust doet er goed aan om zich te houden aan de Richtlijnen Goede Voeding. Deze richtlijnen
vormen een perfecte basis voor het eetpatroon.
Lees meer over deze richtlijnen op bladzijde 198.

2 TOT 4 UUR VOOR DE INSPANNING

■

KOOLHYDRATEN

Ongeveer 70 gram of 1 tot 4 gram
per kilo lichaamsgewicht. Dit is
afhankelijk van intensiteit en duur.
Dit staat gelijk aan bijvoorbeeld drie
boterhammen met jam of appelstroop en een glas vruchtensap.

■

EIWIT

20 tot 25 gram.

■

VET

Zo min mogelijk.

■

VOCHT

300 tot 600 ml in de vorm van
water, thee, vruchtensap of een
sportdrank.

0 TOT 2 UUR VOOR DE INSPANNING

■

KOOLHYDRATEN

Een laatste kleine snack (gel of
reepje) met snelle koolhydraten. Of
stop de snelle koolhydraten in je
drank.

■

EIWIT

Zo min mogelijk.

■

VET

Zo min mogelijk.

■

VOCHT

150 tot 250 ml hypotone of isotone
drank, zo'n 15 tot 30 minuten voor
de inspanning. Kies voor sap of een
sportdrank.

WEETJE

Vetten en eiwitten zijn belangrijke voedingsstoffen, maar het duurt tot wel vijf uur voordat ze
voorbij je maag zijn. Al die tijd hotsen en klot-
sen ze gezellig mee, terwijl jij aan het sporten
bent. Daar kun je flink misselijk van worden.
Vetten en eiwitten kun je dus beter vermijden
vlak voor en tijdens het sporten.

TIJDENS

■

KOOLHYDRATEN

Afhankelijk van de duur van de
inspanning.

- Korter dan 60 minuten:
  geen koolhydraten nodig.
- 60 tot 120 minuten:
  minimaal 30 gram per uur.
- 120 minuten of langer:
  60 tot 90 gram per uur.

Je lichaam kan maximaal 90 gram
koolhydraten per uur opnemen en
gebruiken. Het heeft daarom geen
zin om meer koolhydraten te eten.
Daar word je hooguit misselijk van,
omdat je lichaam al die suikers niet
snel genoeg kan verwerken.

■

EIWIT

Zo min mogelijk.

■

VET

Zo min mogelijk.

■

VOCHT

Minimaal 150 ml per 20 minuten of
450 tot 1500 ml per uur. Als duursporter kan het een hele uitdaging
zijn om voldoende te blijven drinken
terwijl je in beweging bent. Het is
bewezen dat je prestatie duidelijk
verbetert wanneer je minimaal 150
ml per 20 minuten drinkt. En meer is
nog beter.

Heb je moeite met drinken? Bouw
het dan rustig op. Je maag is te
trainen om meer vloeistof op te
nemen, zonder dat hij gaat protesteren.

0 TOT 2 UUR NA DE INSPANNING

■

KOOLHYDRATEN

1 tot 2 gram per kilo lichaamsgewicht.

■

EIWIT

10 tot 20 gram.

■

VET

Zo min mogelijk.

■

VOCHT

Gewichtsverlies x 1,5 liter hypotoon
of isotone drank.

CORNFLAKES BIETENREEP

VOOR / TIJDENS

VOOR 4 REPEN OF 8 BOLLEN

MAAKTIJD 10 MINUTEN + 2 UUR IN DE KOELKAST

INGREDIËNTEN

- **75 gram cornflakes**
- **10 ongebrande, ongezouten amandelen**
- **30 gram gedroogde cranberries (gezoet met appelsap)**
- **30 gram gedroogde blauwe bessen**
- **50 ml bietensap (ongezoet)**
- **40 gram (spelt)bloem**
- **paar druppels citroensap (maximaal een theelepel)**
- **2 eetlepels schenkstroop (of meer naar smaak)**
- **mespunt zout**

 ZADEN

VIS

 INSECTEN

 NOTEN

LACTOSE

GLUTEN

EI

SOJA

PINDA

Maal de cornflakes en amandelen met de keuken-machine of staafmixer tot ze klein zijn. Voeg de cranberry's en blauwe bessen toe en maal nogmaals tot je een plakkerige massa hebt.

Voeg nu bietensap, bloem, citroensap, schenkstroop en zout toe en meng tot je een lekker stevige, kneed-bare massa hebt. Gebruik de opstaande randen van een bakvorm om repen te vormen van ongeveer 2 cm dik of kneed er bollen van. Dek af en laat twee uur uitharden in de koelkast.

VARIATIE

Rol de bollen door wat geraspte kokos.

TIP

Het bietensap kun je ook vervangen door een flesje beet it! (geconcentreerd sportbietendrank). Voeg dan wel 20 gram haver-mout toe en een extra eetle-pel schenkstroop of honing.

EETSTIJL

 LACTOSEVRIJ

VEGANISTISCH

VOEDINGSWAARDE

TOTAAL 206 GRAM: KCAL 668 | VET 7,1 GR | V.VET 0,6 GR | KOOLHY-DRATEN 141 GR | EIWIT 9,4 GR | VEZELS 6 GR | NATRIUM 318 MG
PER REEP (50 GRAM): KCAL 162 | VET 1,7 GR | V.VET 0,15 GR | KOOLHYDRATEN 34 GR | EIWIT 2,3 GR | VEZELS 1,5 GR | NATRIUM 77 MG

ENERGIEWAARDE

OVERIG

 INVRIESBAAR

 KOOLHYDRATEN VETTEN EIWITTEN

AARDBEIPANNENKOEKJES

VOOR

5 KLEINE PANNENKOEKEN
MAAKTIJD 15 MINUTEN

INGREDIËNTEN

- **50 gram spelt- of tarwebloem**
- **40 gram magere kwark**
- **30 ml magere (of plantaardige) melk**
- **1 eetlepel honing of schenkstroop**
- **1 ei**
- **50 gram aardbeien**

VARIATIE

De pannenkoekjes kun je naturel zo meenemen. Wil je er voor het sporten van genieten dan kun je ze vullen voor wat extra eiwitten.

Mix in een blender 2 aardbeien met 100 gram zure room of crème fraîche (de light variant) tot je een egale, roze room hebt. Smeer een laagje room op een pannenkoekje en leg er een tweede pannenkoekje bovenop. Smeer hier nog wat room op garneer met wat partjes aardbei.

Als je juist wat extra koolhydraten nodig hebt in plaats van eiwitten, vul de pannenkoekjes dan met 50 gram (suikervrije) aardbeienjam of compote in plaats van room.

Deze pannenkoekjes zijn heerlijk als luchtig ontbijtje. Ideaal om een paar uur voor je training of wedstrijd te eten. Voor grote eters of wedstrijddagen kun je de hoeveelheden met 1,5 vermenigvuldigen voor de perfecte koolhydratenboost.

Doe de bloem, kwark, melk, honing (of stroop) en het ei in een kom en meng dit tot een glad beslag. Snijd de aardbeien in kleine stukjes en meng ze voorzichtig door het beslag.

Verhit wat olie of boter in een koekenpan, giet wat beslag in de pan (er passen twee tot drie pannenkoekjes tegelijk in de pan) en bak de pannenkoekjes aan beide kanten goudbruin.

Deze pannenkoekjes zijn bewust gemaakt met bloem in plaats van volkorenmeel om ze laag in vezels te houden. Uiteraard kun je ze ook maken met volkorenmeel, maar dan neemt de hoeveelheid vezels (en daarmee de kans op eventuele maagproblemen) wel toe.

ALLERGENEN

ZADEN
VIS
INSECTEN
NOTEN
LACTOSE
GLUTEN
EI
SOJA
PINDA

ENERGIEWAARDE

VOEDINGSWAARDE

TOTAAL 240 GRAM: KCAL 353 | VET 5,4 GR | V.VET 1,7 GR | KOOLHYDRATEN 58 GR | EIWIT 18,2 GR | VEZELS 2,6 GR | NATRIUM 108 MG
PER PANNENKOEK (52 GRAM): KCAL 71 | VET 1,1 GR | V.VET 0,3 GR | KOOLHYDRATEN 12 GR | EIWIT 3,6 GR | VEZELS 0,5 GR | NATRIUM 21 MG

 ■ KOOLHYDRATEN ■ VETTEN ■ EIWITTEN

NOTEN VIJGEN RIJSTREEP

TIJDENS
10 REPEN
MAAKTIJD 30 MINUTEN

INGREDIËNTEN

- **175 gram witte rijst**
- **350 ml water**
- **1 theelepel zout met jodium (2 gram)**
- **15 gram walnoten**
- **15 gram amandelen (zonder vlies)**
- **20 gram havermoutmeel**
- **75 gram gedroogde vijgen**
- **1 eetlepel honing (20 gram)**
- **1 eetlepel sinaasappelsap (20 ml)**

ZADEN

VIS

INSECTEN

NOTEN

LACTOSE

GLUTEN

EI

SOJA

PINDA

Doe rijst, water en zout in een pan en kook de rijst net iets langer dan op de verpakking staat. Zo krijg je lekker kleverige rijst. Laat de rijst na het koken afkoelen.

Rooster ondertussen de walnoten en amandelen in een koekenpan. Laat ze afkoelen, hak ze in kleine stukjes en doe ze in een grote kom.

Snijd de vijgen in kleine stukjes van ongeveer een halve centimeter (of hak ze kort in de keukenmachine). Doe de vijgen, gekookte rijst, havermoutmeel, honing en sinaasappelsap bij de noten in de kom en meng goed tot alles lekker aan elkaar plakt.

Druk het mengsel stevig in een vierkante bakvorm of ovenschaal van ongeveer 20 bij 20 cm. Snijd meteen in repen en verpak ze per stuk. Neem ze gelijk mee of bewaar ze in de koelkast of vriezer.

TIP
Gebruik zilvervliesrijst in plaats van witte rijst voor een extra vezelrijke reep. Lekker voor op een drukke werk- en sjeesdag.

TIP
Havermout is vrij van gluten, maar wordt vaak verwerkt op glutenrijke plekken. Ben je allergisch voor gluten, kies dan voor havermout met een glutenvrij garantie (zie etiket).

EETSTIJL
 GLUTENVRIJ

VOEDINGSWAARDE
TOTAAL 620 GRAM: KCAL 1185 | VET 22 GR | V.VET 2,3 GR | EIWIT 25 GR | KOOLHYDRATEN 215 GR | VEZELS 14 GR | NATRUM 810 MG
PER REEP (62 GRAM): KCAL 118 | VET 2,2 GR | V.VET 0,2 GR | EIWIT 2,5 GR | KOOLHYDRATEN 21,5 GR | VEZELS 1,4 GR | NATRIUM 81 MG

ENERGIEWAARDE

OVERIG
 INVRIESBAAR

■ KOOLHYDRATEN ■ VETTEN ■ EIWITTEN

SNEL MEENEEMBROOD

VOOR / TIJDENS
6 BROODJES
MAAKTIJD 20 MINUTEN (INCLUSIEF BAKKEN)

INGREDIËNTEN
- **150 ml magere melk**
- **200 gram bloem**
- **1 theelepel rietsuiker**
- **½ tot 1 theelepel kruiden naar keuze (kaneel, oregano, verse bieslook, tijm, munt, Italiaanse kruiden, ras el hanout)**
- **mespunt mineraalzout**
- **mespunt peper**

VARIATIE
Bij dit recept kun je volop variëren met meelsoorten. Probeer gewoon uit wat je lekker vindt. Hetzelfde geldt voor de melk: die kun je prima vervangen door een plantaardige variant, magere yoghurt of water.

TIP
Dit meeneembrood is ook lekker met kleine stukjes vers fruit door het deeg.

Meng in een kom de melk, suiker, kruiden, zout en peper goed door elkaar. Voeg de bloem toe en meng met een lepel tot er een deeg ontstaat. Kneed het verder met je handen tot je een mooi egaal deegje hebt.

Verdeel het deeg in ongeveer 6 porties en vorm hier bolletjes van. Druk de bollen een beetje plat en verhit een koekenpan met een goede anti-aanbaklaag. Bak de broodjes op middelhoog vuur aan beide kanten ongeveer 4 minuten, tot ze mooi bruin zijn. Druk ze bij het bakken af en toe weer plat. Let op: je kunt een klein beetje kokosolie in de pan doen, maar dat hoeft niet per se.

Haal de pan van het vuur en laat de broodjes met het deksel op de pan afkoelen, zodat de binnenkant nog wat kan nagaren.

Je kunt de broodjes naturel meenemen, maar je kunt ze ook opensnijden en besmeren met beleg dat past bij de gekozen kruiden, zoals kaas bij een broodje met Italiaanse kruiden of appelstroop met schijfjes appel bij broodjes met kaneel.

A ALLERGENEN

ZADEN
VIS
INSECTEN
NOTEN
LACTOSE
GLUTEN
EI
SOJA
PINDA

ENERGIEWAARDE

VOEDINGSWAARDE
TOTAAL 365 GRAM: KCAL 630 | VET 6,4 GR | V.VET 0,8 GR | KOOLHYDRATEN 129 GR | EIWIT 11,2 GR | VEZELS 4,9 GR | NATRIUM 134 MG
PER BROODJE (60 GRAM): KCAL 105 | VET 1,1 GR | V.VET 0,1 GR | KOOLHYDRATEN 22 GR | EIWIT 1,9 GR | VEZELS 0,8 GR | NATRIUM 22 MG

■ KOOLHYDRATEN ■ VETTEN ■ EIWITTEN

BROODREEP MET FRUIT EN NOTEN

TIJDENS

5 REPEN

MAAKTIJD 10 MINUTEN (+4 UUR WEKEN) EN 45 MINUTEN OVENTIJD

INGREDIËNTEN

- **100 gram gedroogd fruit (bijvoorbeeld pruim, vijg, mango, abrikoos)**
- **100 gram studentenhaver**
- **300 ml sinaasappelsap**
- **1 ei**
- **1 theelepel (palm)suiker**
- **merg van 1 vanillestokje**
- **halve banaan (75 gram)**
- **65 gram bloem**
- **1 theelepel kaneel**
- **mespunt zout**
- **1 eetlepel jam naar keuze**

ALLERGENEN

 ZADEN

 VIS

 INSECTEN

 NOTEN

 LACTOSE

 GLUTEN

 EI

 SOJA

 PINDA

Snijd het gedroogde fruit in kleine stukjes en doe ze samen met de studentenhaver in een kom. Voeg het sinaasappelsap toe en vul dit aan met water tot alle ingrediënten onder water staan. Laat dit tenminste 4 uur weken (een nacht lang is ideaal).

Verwarm de oven voor op 170 °C. Giet het fruitmengsel af en laat het goed uitlekken. Doe het ei in een kom en klop het met een garde of een handmixer met de suiker en het vanillemerg tot een stevig lichtgeel gekleurd mengsel.

Prak de banaan en voeg toe aan het mengsel. Klop nog een paar minuten goed door. Voeg de rest van de ingrediënten toe en meng alles goed d oor elkaar. Schep dan ook het uitgelekte fruit door het deeg.

Vet een bakblik in met kokosolie en schep het beslag erin. Bak het brood in de oven in ongeveer 45 minuten gaar. Laat de broodreep afkoelen voor je hem in plakken snijdt.

VARIATIE

Voeg een ½ theelepel gemberpoeder toe voor een extra smaaksensatie! De repen zijn ook lekker na het sporten met een dikke dot kwark.

Voor een veganistische versie kun je het ei vervangen door 2 eetlepels chiazaad. Laat het chiazaad 10 minuten weken in 2 eetlepels appelmoes, voeg daarna nog 1 eetlepel aardappelzetmeel toe. Roer goed en voeg toe aan het recept in plaats van het ei.

TIP

Bak producten met zaden en noten op maximaal 170 °C, anders kunnen de vetten uit de zaden en noten verbranden.

VOEDINGSWAARDE

TOTAAL 400 GRAM: KCAL 1174 | VET 38,6 GR | V.VET 6,5 GR | KOOLHYDRATEN 168 GR | EIWIT 29 GR | VEZELS 19,5 GR | NATRIUM 230 MG
PER REEP (75 GRAM): KCAL 222 | VET 7,2 GR | V.VET 1,2 GR | KOOLHYDRATEN 31,7 GR | EIWIT 5,5 GR | VEZELS 3,7 GR | NATRIUM 43 MG

ENERGIEWAARDE

■ KOOLHYDRATEN ■ VETTEN ■ EIWITTEN

HARTIGE PUNTKOEKEN

VOOR / TIJDENS

6 KOEKEN
MAAKTIJD 20 MINUTEN

INGREDIËNTEN

- 2 aardappels
- 1 grote bataat
- 1 eetlepel honing
- 2 blaadjes salie
  (verse of gedroogde)
- 1 eetlepel tijm
  (verse of gedroogde)

- 1 eetlepel ongeroosterde
  sesamzaadjes
- 2 eetlepels Parmezaanse kaas
- zout en peper naar smaak
- 100 gram havermeel
  (plus wat extra)

Verwarm de oven voor op 175 °C en zet een pan met water op het vuur. Schil de aardappels en de bataat en snijd ze in kleine stukjes. Doe de stukjes bij het kokende water in de pan en kook ze in 10 minuten beetgaar. Giet de aardappel- en bataatstukjes af en spoel ze na met koud water. Pureer de aardappels en de bataat en spatel de honing erdoor.

Snijd de salie fijn en doe in een kom, samen met de havermeel, tijm, sesamzaadjes, Parmezaanse kaas, zout en peper. Meng alles goed en doe dan een lepel van het bloemmengsel bij de gepureerde aardappels. Roer goed, voeg nog een lepel van het bloemmengsel toe en roep opnieuw. Ga hiermee door tot alle bloem door de puree is gemengd en je een droog deeg hebt.

Bestrooi een vel bakpapier met havermeel. Leg het deeg hierop en strooi er nog wat havermeel overheen. Rol het deeg uit tot een platte, ronde koek. Leg het bakpapier met de koek op een bakplaat en bak de koek in 10 minuten gaar en lichtbruin. Laat de koek iets afkoelen en verdeel hem in zes punten.

ZADEN
VIS
INSECTEN
NOTEN
LACTOSE
GLUTEN
EI
SOJA
PINDA

ENERGIEWAARDE

VOEDINGSWAARDE

TOTAAL 400 GRAM: KCAL 774 | VET 19,3 GR | V.VET 5,9 GR | KOOL-HYDRATEN 117 GR | EIWIT 26,3 GR | VEZELS 14,8 GR | NATRIUM 392 MG
PER KOEK (70 GRAM): KCAL 129 | VET 3,2 GR | V.VET 0,9 GR | KOOLHYDRATEN 20 GR | EIWIT 4,4 GR | VEZELS 2,5 GR | NATRIUM 65 MG

EETSTIJL

 LACTOSEVRIJ
GLUTENVRIJ

 ■ KOOLHYDRATEN ■ VETTEN ■ EIWITTEN

APPEL BIETENWAFEL

VOOR / TIJDENS
4 WAFELS
MAAKTIJD 20 MINUTEN (INCLUSIEF BAKKEN)

INGREDIËNTEN

- 75 ml bietensap
- 2 eieren
- 2 eetlepels rijststroop
- 1 eetlepel kokosbloesemsuiker
- paar druppels vanille-extract

- 1 appel zonder schil
- 100 gram boekweitmeel
- 50 gram kastanjemeel
- 5 gram bakpoeder
- mespuntje zout

ALLERGENEN

 ZADEN

VIS

INSECTEN

NOTEN

 LACTOSE

GLUTEN

EI

 SOJA

PINDA

Zet het wafelijzer aan zodat hij kan voorverwarmen.

Doe het bietensap, eieren, rijststroop, kokosbloesem-suiker en vanille-extract in een kom of flinke maatbeker en gebruik een staafmixer of garde om het goed te mengen. Rasp de appel boven het bieten-eimengsel en meng het nog een keer goed.

Meng in een andere kom het boekweitmeel, kastanje-meel, bakpoeder en het zout. Doe dit bij het appelbie-tenmengsel en blijf mixen tot alles goed gemengd is. Het beslag wordt niet helemaal glad door de structuur van de appel, maar dat is niet erg.

Vet het wafelijzer in met wat bakspray of wat kokosolie. Giet wat van het beslag in het wafelijzer. Vul de vorm niet helemaal; het deeg zal nog wat uitzetten tijdens het bakken. Sluit het wafelijzer en bak de wafels tot ze aan de buitenkant krokant en goudkleurig zijn. Laat de wafels afkoelen voor je ze verpakt en meeneemt.

VARIATIE
Doe wat kaneel, geperste gember of cacaopoeder bij het beslag.

Gebruik geraspte wortel of peer in plaats van appel.

TIP
Heb je geen wafelijzer? Bak ze dan als kleine pannen-koekjes in een koekenpan met anti-aanbaklaag.

EETSTIJL	VOEDINGSWAARDE	ENERGIEWAARDE
GLUTENVRIJ	**TOTAAL 400 GRAM:** KCAL 766 | VET 10,6 GR | V.VET 3,2 GR | KOOL-HYDRATEN 142 GR | EIWIT 24 GR | VEZELS 5 GR | NATRIUM 563 MG **PER WAFEL (100 GRAM):** KCAL 192 | VET 2,7 GR | V.VET 0,8 GR | KOOLHYDRATEN 36 GR | EIWIT 6 GR | VEZELS 1,3 GR | NATRIUM 141 MG	

■ KOOLHYDRATEN ■ VETTEN ■ EIWITTEN

PASTA PARTYMUFFINS

NA

12 MUFFINS VOOR 2 OF 3 HONGERIGE SPORTERS
MAAKTIJD 40 MINUTEN (INCL. OVENTIJD)

INGREDIËNTEN

- 250 gram spaghetti
- 100 gram zwarte olijven
- handvol verse basilicum
- 200 gram passata di pomodoro (dikke, gezeefde tomatenpuree)
- 125 gram doperwten
- 4 eieren
- 200 gram hüttenkäse
- 2 eetlepels oregano
- peper en zout naar smaak

VARIATIE

Voeg eventueel een blikje tonijn of 150 gram garnalen toe aan het spaghettimengsel voor extra eiwitten.

Warm de oven voor op 175 °C en vet het muffinblik in met kokosolie of bakspray. Kook de pasta in 10 tot 12 minuten gaar en giet het dan af. Snijd ondertussen de olijven in plakjes en de basilicum in reepjes.

Doe de passata di pomodoro in een grote kom, samen met de olijven, basilicum, doperwten, oregano en peper en zout naar smaak. Voeg de gekookte spaghetti doe en roer alles goed door elkaar. Laat de smaken 10 minuten intrekken.

Klop de eieren los in een kom en giet ze bij het spaghettimengsel. Roer goed door, zodat alle pasta is bedekt met een dun laagje ei. Pak met vork en lepel een pluk spaghetti, draai er een mooi nestje van en leg deze in de muffinvorm. Vul zo alle 12 bakjes met een nestje pasta.

Maak met een theelepel een klein kuiltje bovenin elk pastanestje en verdeel de hüttenkäse over de muffins. Bak de pastapartymuffins ongeveer 15 minuten in de oven. Koud zijn ze minstens zo lekker als warm.

ALLERGENEN

ZADEN
VIS
INSECTEN
NOTEN
LACTOSE
GLUTEN
EI
SOJA
PINDA

ENERGIEWAARDE

VOEDINGSWAARDE

TOTAAL 1500 GRAM: KCAL 1611 | VET 43,7 GR | V.VET 13,6 GR | KOOL-HYDRATEN 205 GR | EIWIT 88 GR | VEZELS 21 GR | NATRIUM 4555 MG
PER MUFFIN (125 GRAM): KCAL 134 | VET 3,6 GR | V.VET 1,1 GR | KOOLHYDRATEN 17 GR | EIWIT 7,3 GR | VEZELS 1,8 GR | NATRIUM 380 MG

■ KOOLHYDRATEN ■ VETTEN ■ EIWITTEN

SNELLE HAVERREEP

TIJDENS
10 REPEN
MAAKTIJD 5 MINUTEN + 15 MINUTEN OVENTIJD

INGREDIËNTEN
- **50 ml sinaasappelsap**
- **20 ml water**
- **50 gram (palm)suiker**
- **4 eetlepels aardbeienjam**
- **1 kleine banaan (ongeveer 100 gram)**
- **300 gram havermout**
- **1 eetlepel kaneel**
- **mespunt mineraalzout**

ZADEN

VIS

INSECTEN

NOTEN

LACTOSE

GLUTEN

EI

SOJA

PINDA

Verwarm de oven voor op 175 °C. Doe het sinaasappelsap, water, palmsuiker en jam in een pan en verwarm tot de suiker is opgelost. Laat het niet koken, anders gaat de vitamine C verloren.

Haal de pan van het vuur, voeg de banaan toe en pureer het mengsel met de staafmixer. Doe de havermout, zout en kaneel bij het banaanmengsel in de pan en roer alles goed door elkaar.

Vet een vierkante ovenschaal in, verdeel het mengsel over de bodem en druk het overal goed aan. Snijd het mengsel voorzichtig een stukje in met een scherp mes, zodat je 10 repen krijgt. Zo kun je de repen na het bakken beter snijden.

Bak de haverrepen in 10 minuten goudbruin. Haal ze uit de oven en snijdt de haverrepen over de eerder gemaakte snijlijnen in stukken. Leg de repen op een bakvel terug in de oven en bak ze nog 5 minuten verder af, zodat ze een knapperig randje krijgen. Laat de repen afkoelen in de oven met de deur open.

PALMSUIKER
Palmsuiker wordt gemaakt van het sap van bepaalde palmboomsoorten. Het is vaak ongefilterd en ongeraffineerd en bevat dus vitaminen en mineralen. Kies voor de duurzaam geproduceerde, biologische variant waarin alleen palmsuiker zit (sommige soorten worden vermengd met andere suikers).

EETSTIJL
⊠ LACTOSEVRIJ
⊠ GLUTENVRIJ
🌱 VEGANISTISCH

VOEDINGSWAARDE
TOTAAL 580 GRAM: KCAL 1587 | VET 22,9 GR | V.VET 4 GR | KOOLHYDRATEN 291 GR | EIWIT 40 GR | VEZELS 30 GR | NATRIUM 161 MG
PER REEP (58 GRAM): KCAL 159 | VET 2,3 GR | V.VET 0,4 GR | KOOLHYDRATEN 29 GR | EIWIT 4 GR | VEZELS 3 GR | NATRIUM 16 MG

ENERGIEWAARDE

OVERIG
❄ INVRIESBAAR

■ KOOLHYDRATEN ■ VETTEN ■ EIWITTEN

WIELRENREEPJE

VOOR / TIJDENS
4 REPEN | MAAKTIJD 10 MINUTEN +
EEN NACHT IN DE KOELKAST

INGREDIËNTEN
- **100 gram gedroogde cranberries**
- **40 gram zachte dadels, ontpit**
- **40 gram rijstebloem**
- **20 gram magere melkpoeder**
- **20 gram cacaoboter of kokosolie**

VARIATIE
Als je iets meer van het eiwitmengsel maakt, is het makkelijker over de repen te verdelen. Gebruik bijvoorbeeld 30 gram van de cacaoboter en magere melkpoeder. Je houdt dan wel iets over.

Doe de cranberries, dadels en rijstebloem in de keukenmachine en laat hem draaien tot alles in kleine stukjes is gehakt en lekker aan elkaar plakt. Als het mengsel wat nat lijkt, dan kun je wat extra rijstebloem toevoegen. Is het te droog? Voeg dan wat extra water toe.

Druk het mengsel in een platte bakvorm of siliconenmal. Je kunt natuurlijk ook met de hand repen kneden. Dek de repen af met plasticfolie en zet ze tenminste een half uur in de vriezer om goed stevig te worden.

Maak ondertussen een papje van het melkpoeder en een heel klein beetje water (een paar druppels). Smelt de cacaoboter of kokosolie in een kleine pan op een zo laag mogelijke temperatuur. Giet dit in kleine beetjes bij het melkpoederpapje, terwijl je goed blijft roeren.

Haal de repen uit de vriezer en leg ze op een stuk bakpapier. Giet of spatel het eiwitmengsel over de reep, zodat boven- en zijkanten goed zijn bedekt. Doe de repen met bakpapier en al in een luchtdicht afgesloten bak en zet het in de koelkast. Laat de repen een nacht lang opstijven.

ALLERGENEN

ZADEN
VIS
INSECTEN
NOTEN
LACTOSE
GLUTEN
EI
SOJA
PINDA

ENERGIEWAARDE

OVERIG
 INVRIESBAAR

VOEDINGSWAARDE
TOTAAL 220 GRAM: KCAL 851 | VET 22 GR | V.VET 12,2 GR | KOOLHYDRATEN 148,2 GR | EIWIT 11,3 GR | VEZELS 9 GR | NATRIUM 114 MG
PER REEP (55 GRAM): KCAL 212 | VET 5,5 GR | V.VET 3,0 GR | KOOLHYDRATEN 37,1 GR | EIWIT 2,8 GR | VEZELS 2,2 GR | NATRIUM 28 MG

EETSTIJL
 GLUTENVRIJ

■ KOOLHYDRATEN ■ VETTEN ■ EIWITTEN

OOSTERSE RIJSTREEP

TIJDENS
9 REPEN
MAAKTIJD 20 MINUTEN

INGREDIËNTEN
- **200 gram witte rijst**
- **400 ml water**
- **150 gram linzen (uit blik)**
- **1 eetlepel sesampasta (tahin)**
- **1½ eetlepel Parmezaanse kaas, geraspt**
- **1 eetlepel marjoraan**
- **2 eetlepels ketjap manis**
- **2 eetlepels limoensap**
- **eventueel: sap van een stukje verse gember**

De favoriete reep van onze meest fanatieke wielren-
repentester. Perfect om je energieniveau op peil te
houden.

Doe rijst en water in een pan en kook de rijst net iets
langer dan op de verpakking staat. Zo krijg je lekker
kleverige rijst. Laat de rijst na het koken afkoelen.

Laat de linzen uitlekken en roer ze door de rijst. Voeg
ook de sesampasta, kaas, marjoraan, ketjap en limoensap toe. Voeg eventueel wat gembersap toe door een
stukje gember fijn te knijpen in een knoflookpers.

Roer alles goed door elkaar en doe het mengsel in een
vierkant bakblik. Druk het stevig aan, laat het tenminste
5 minuten rusten en snijd het dan in ongeveer 9 repen.
Vouw ze in een stuk SPORTwrap en **off you go.**

 ZADEN

 VIS

 INSECTEN

 NOTEN

 LACTOSE

 GLUTEN

 EI

SOJA

 PINDA

EETSTIJL
 GLUTENVRIJ

VOEDINGSWAARDE
TOTAAL 700 GRAM: KCAL 1103 | VET 13,4 GR | V.VET 3,7 GR | KOOL-
HYDRATEN 200 GR | EIWIT 38 GR | VEZELS 14,3 GR | NATRIUM 876 MG
PER REEP (80 GRAM): KCAL 123 | VET 1,5 GR | V.VET 0,4 GR | KOOL-
HYDRATEN 22 GR | EIWIT 4,2 GR | VEZELS 1,6 GR | NATRIUM 97 MG

ENERGIEWAARDE

OVERIG
 INVRIESBAAR

 ■ KOOLHYDRATEN ■ VETTEN ■ EIWITTEN

KOKOSRIJSTREEP

TIJDENS
9 REPEN
MAAKTIJD 30 MINUTEN + 30 MINUTEN RUSTEN

INGREDIËNTEN
- **250 gram witte rijst**
- **350 ml water**
- **150 ml kokosmelk**
- **150 gram mango**
- **1 takje verse munt**
- **2 takjes verse koriander**
- **mespuntje mineraalzout**
- **rasp van een halve limoen**

Doe rijst, water en kokosmelk in een pan en kook de rijst net iets langer dan op de verpakking staat. Zo krijg je lekker kleverige rijst. Laat de rijst na het koken 10 minuten afkoelen.

Snijd ondertussen de mango in kleine stukjes en hak de muntblaadjes en koriander fijn. Doe de mango, munt, koriander, zout en limoen bij de rijst en roer het goed door.

Verspreid het rijstmengsel gelijkmatig in een recht-hoekige bakvorm met recht opstaande randen en druk het stevig aan. Dek de vorm af met plasticfolie en laat het 30 minuten opstijven in de koelkast. Snijd het afgekoelde mengsel in nette repen.

ALLERGENEN

ZADEN

VIS

INSECTEN

NOTEN

LACTOSE

GLUTEN

EI

SOJA

PINDA

ENERGIEWAARDE

OVERIG

 INVRIESBAAR

VOEDINGSWAARDE

TOTAAL 900 GRAM: KCAL 1291 | VET 29,8 GR | V.VET 21,6 GR | KOOLHYDRATEN 228 GR | EIWIT 38 GR | VEZELS 7 GR | NATRIUM 309 MG
PER REEP (100 GRAM): KCAL 143 | VET 3,3 GR | V.VET 2,4 GR | KOOLHYDRATEN 25,3 GR | EIWIT 4,2 GR | VEZELS 0,8 GR | NATRIUM 34,3 MG

EETSTIJL

 LACTOSEVRIJ

GLUTENVRIJ

 VEGANISTISCH

■ KOOLHYDRATEN ■ VETTEN ■ EIWITTEN

BROODROLLETJES

VOOR / TIJDENS
4 ROLLETJES
MAAKTIJD 15 MINUTEN

INGREDIËNTEN

- ½ appel
- ½ blikje tonijn op water, uitgelekt
- 5 halfgedroogde tomaten
- 2 eetlepels rijststroop
- mespunt mineraalzout
- 4 eetlepels havermout
- ½ theelepel verse tijm
- 2 eetlepels roomkaas
- peper naar smaak
- 1 ongesneden wit brood

ALLERGENEN

 ZADEN

 VIS

 INSECTEN

 NOTEN

 LACTOSE

 GLUTEN

 EI

 SOJA

 PINDA

Schil de appel en verwijder het klokhuis. Doe de appel in de kom van een keukenmachine of staafmixer en pureer hem, samen met de tonijn, tomaten, rijststroop en het zout. Roer havermout en tijm door het tonijnmengsel en laat het even rusten. Zo kan de havermout het vocht in zich opnemen.

Snijd het brood over de lange kant in 4 plakken (zonder korst) van ongeveer 2 cm dik. Gebruik een deegroller om de plakken uit te rollen tot een dun laagje brood. Besmeer deze met een dun laagje roomkaas en verdeel het tonijnmengsel over het brood. Laat aan beide uiteinden ongeveer een centimeter vrij.

Rol de pakken in de lengterichting op en pak de rolletjes stevig in. Bewaar de broodrolletjes in de koelkast maximaal 1 dag.

GLUTENVRIJ
Gebruik glutenvrij brood en let goed op of ook de havermout glutenvrij is.

VARIATIETIP
Beleg het brood ook eens met pesto & gegrilde paprika, geitenkaas & gegrilde aubergine, hummus, chocopasta & banaan of pindakaas & jam!

RIJSTSTROOP
Een mildzoete stroop die nauwelijks fructose bevat en daardoor minder belastend is voor de lever. Een prima suikervervanger.

VOEDINGSWAARDE	ENERGIEWAARDE
TOTAAL 600 GRAM: KCAL 1069 | VET 13,8 GR | V.VET 6,4 GR | KOOLHYDRATEN 175 GR | EIWIT 52 GR | VEZELS 16 GR | NATRIUM 717 MG **PER ROLLETJE (100 GRAM):** KCAL 178 | VET 2,3 GR | V.VET 1,1 GR | KOOLHYDRATEN 29 GR | EIWIT 8,7 GR | VEZELS 2,7 GR | NATRIUM 120 MG	

■ KOOLHYDRATEN ■ VETTEN ■ EIWITTEN

HOOFDSTUK

3

KRACHTSPORT

KRACHTSPORTERS LEVEREN KORTE EN
EXPLOSIEVE INSPANNINGEN.

Of het doel nou is om zoveel mogelijk kilo's te tillen of om een kogel zo ver mogelijk weg te stoten, het draait erom dat je de juiste spier op het juiste moment kunt aanspannen. Uiteraard met zoveel mogelijk kracht. Je spieren zijn je beste vrienden, dus daar moet je goed voor zorgen. Bijvoorbeeld door voldoende eiwitten binnen te krijgen. En nee, dat betekent niet dat het slim is om dagelijks twintig eieren weg te tikken…

WEETJE
Hardloper Usain Bolt genereert in 9.58
seconden zoveel kracht dat hij 65 gloeilampen
(van 40 watt) kan op laten lichten.
Ter vergelijking:
Michael Phelps (zwemmend): 62 lampen
Oleksiy Torokhtiv (gewichtheffer): 92 lampen
Gemiddeld mens (fietsend): max 2 lampen

Krachtsport is heel divers. Dat bodybuilders en gewichtheffers krachtsporters zijn, spreekt voor zich. Maar ook sporten als turnen, sprintafstanden (zwemmen, hardlopen, schaatsen), vechtsporten zoals judo en karate en verschillende atletiekonderdelen vallen binnen deze categorie. De meeste krachtsinspanningen zijn daarnaast van korte duur. Van maar enkele seconden (Usain Bolt op de 100 meter: nog geen 10 seconden) tot hooguit enkele minuten aan één stuk. Of het draait om korte inspanningen die herhaald worden. Denk bijvoorbeeld aan de verschillende rondes bij vechtsporten.

Wat al deze sporten met elkaar gemeen hebben, is dat het draait om de spieren. Ook speelt techniek een grote rol bij veel krachtsporten. Het is ten slotte belangrijk dat je je spieren zo kunt aansturen dat ze op het juiste moment hun beste krachtsinspanning leveren.

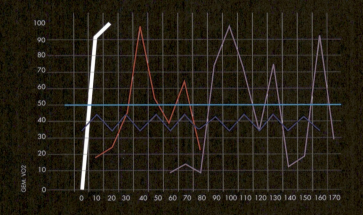

Een marathonloper en een basketballer hebben een totaal
verschillend inspanningspatroon.

Bron: Maughan, R.J. (2000) Nutrition in sports

De meeste krachtsporten hebben een kort piekmoment. Toch kunnen de trainingen langdurig en zeer veeleisend zijn. Ook bij wedstrijden zijn er vaak meerdere inspanningsmomenten, waardoor je als deelnemer zo een hele dag in touw bent. Gelukkig bieden de meeste trainingen en wedstrijden genoeg gelegenheid om tussendoor rustig iets te eten en te drinken, zodat je er daarna weer flink tegenaan kunt.

Eiwitten zijn belangrijk om spieren op te bouwen, maar je lichaam kan hiervoor niet meer dan 2 gram eiwit per kilo lichaamsgewicht gebruiken. Al het eiwit dat je lichaam niet kan gebruiken voor spiergroei of energie wordt omgezet in vet. Meer is dus zeker niet altijd beter!

Het is belangrijk om de hoeveelheid eiwitten die je nodig hebt goed te verdelen over de dag. Dit gaat het beste in porties van twintig tot dertig gram; de hoe- veelheid die je lijf per keer ongeveer kan verwerken. Het heeft dus niet zoveel zin om na het sporten twee grote bakken kwark leeg te eten om na het sporten je eiwitten aan te vullen. Om sneller te herstellen kun je beter een paar uur voor het sporten een portie eiwitten eten.

25 GRAM EIWITTEN IN DE PRAKTIJK

1 kipfilet
of
300 gram magere kwark
of
3 glazen magere chocolademelk
of
4 gekookte eieren
of
5 opscheplepels peulvruchten
of
625 gram broccoli

BULKEN & CUTTEN

Bodybuilders trainen vaak in twee fasen: de bulkfase en de cutfase. Bijvoorbeeld omdat ze voor een wedstrijd op zoek zijn naar de perfecte body toning. De bulkfase duurt ongeveer drie maanden. In deze periode neemt de sporter een overschot aan kilocalorieën in en lift kort maar zeer krachtig zware gewichten. In de bulkfase neemt het lichaamsgewicht flink toe. Hiervan is ongeveer twee derde deel spiermassa en een derde deel vetmassa.

Na de bulkfase volgt de cutfase. Ongeveer drie maanden lang neemt de sporter juist weinig kilocalorieen in en traint hij of zij met minder gewicht en veel herhalingen. Zo wordt het overtollige vet dat in de bulkfase ontstond wegge'cut'. De spiermassa die de krachtsporter heeft opgebouwd wordt nu heel mooi zichtbaar.

Ook in deze bulk- en cutfase blijven de algemene voedingsrichtlijnen op de volgende pagina van toepassing. Wel wordt deze basis in de bulkfase aangevuld met 300 tot 500 kcal per dag. In de cutfase is de inname juist 300 tot 500 kcal minder dan die basis.

Wat variatie in de bulkfase kan geen kwaad. Naast eieren, magere kwark en shakes zijn de krachtSPORTables in dit hoofdstuk een uitstekende aanvulling. In de cutfase is het belangrijk om spaarzaam om te gaan met je energie en kcal. In dat geval kan een een SPORTable met veel eiwit en weinig vet een uitkomst zijn. Bijvoorbeeld de kwark-pannenkoekjes van bladzijde 63 of de nicecream van bladzijde 65.

ALGEMENE RICHTLIJNEN
TRAININGS- EN WEDSTRIJDDAGEN

KOOLHYDRATEN

5 tot 7 gram per kilo lichaamsgewicht per dag.

EIWIT

1,4 tot 2,0 gram per kilo lichaamsgewicht per dag.

VET

Per dag 20 tot 30 energieprocent vet waarvan maximaal 10 energieprocent verzadigd vet.
Kijk op bladzijde 200 om meer te lezen over energieprocenten en de manier waarop je deze berekent.

VOCHT

Minimaal 1,5 tot ongeveer 5 liter vocht per dag. Hoeveel vocht je moet drinken is afhankelijk van bijvoorbeeld de omgevingstemperatuur, of je binnen of juist buiten traint, type sport en natuurlijk van de mate waarin je zweet.
Meer over vocht vind je in het hoofdstuk Drinken.

RUSTDAG

Een krachtsporter in rust doet er goed aan om zich te houden aan de Richtlijnen Goede Voeding. Deze richtlijnen vormen een perfecte basis voor het eetpatroon.
Lees hierover meer op bladzijde 198.

2 TOT 4 UUR VOOR DE INSPANNING

■
KOOLHYDRATEN
Ongeveer 70 gram of 1 tot 4 gram
per kilo lichaamsgewicht. Dit is afhankelijk van intensiteit en duur van
je training of wedstrijd.

■
EIWIT
20 tot 25 gram.

■
VET
Zo min mogelijk.

■
VOCHT
300 tot 600 ml in de vorm van
water, thee, vruchtensap of een
sportdrank.

Bij een aantal krachtsporten zijn trainingen en wedstrijden onderverdeeld in gewichtsklassen. Hierbij is de
energiebalans (de balans tussen de energie die iemand
met voeding binnenkrijgt en de energie die iemand
verbruikt) een belangrijk aandachtspunt. Zo kan het
zijn dat een judoka in de dagen vlak voor een wedstrijd
gewicht moet kwijtraken, om uit te mogen komen in

een bepaalde gewichtsklasse. Dit kan niet alleen heel
lastig zijn, maar ook gevaarlijk, doordat er tekorten in
voedingstoffen kunnen ontstaan waardoor spierweefsel
wordt afgebroken. De energiebalans is dan dus negatief,
wat de prestaties negatief beïnvloedt.

0 TOT 2 UUR VOOR DE INSPANNING

■
KOOLHYDRATEN
Een laatste kleine snack (gel of
reepje) met snelle koolhydraten.
Of stop de snelle koolhydraten in
je drank.

■
EIWIT
Zo min mogelijk.

■
VET
Zo min mogelijk.

■
VOCHT
150 tot 250 ml hypotone of isotone
drank, zo'n 15 tot 30 minuten voor
de inspanning.

WEETJE

Het is niet altijd nodig om iets te eten mee te nemen tijdens een training. Het aanvullen van je energievoorraad is vooral van belang wanneer je een uur of langer bezig bent. Zo voorkom je een hongergevoel of vermoeidheid.

TIJDENS

KOOLHYDRATEN

Afhankelijk van de duur van de inspanning.
- Korter dan 60 minuten: geen koolhydraten nodig.
- 60 tot 120 minuten: minimaal 30 gram per uur.
- 120 minuten of langer: 60 tot 90 gram per uur.

Je lichaam kan maximaal 90 gram koolhydraten per uur opnemen en gebruiken. Het heeft daarom geen zin om meer koolhydraten te eten. Daar word je hooguit misselijk van, omdat je lichaam al die suikers niet snel genoeg kan verwerken.

EIWIT

Zo min mogelijk

VET

Zo min mogelijk.

VOCHT

Bij inspanningen langer dan 60 minuten: minimaal 150 ml per 20 minuten of 450 tot 1500 ml per uur.

0 TOT 2 UUR **NA DE INSPANNING**

KOOLHYDRATEN

1 tot 2 gram per kilo lichaamsgewicht.

EIWIT

10 tot 20 gram.

VET

Zo min mogelijk.

VOCHT

Gewichtsverlies x 1,5 liter hypotoon of isotone drank.

FRISSE KIWI EIWITTRUFFELS

NA

6 TRUFFELS
MAAKTIJD 15 MINUTEN + 1 UUR IN DE KOELKAST

INGREDIËNTEN

- **2 kiwi's**
- **3 eetlepels chiazaad (15 gram)**
- **30 gram geraspte kokos**
- **25 gram soja eiwitpoeder vanille (1 scoop)**
- **1 eetlepel poedersuiker**
- **50 gram witte chocola**
- **1 eetlepel magere kwark**

ALLERGENEN

 ZADEN

 VIS

 INSECTEN

 NOTEN

 LACTOSE

 GLUTEN

 EI

 SOJA

 PINDA

De kiwi's geven een unieke draai aan deze truffels met hun fris knisperende, maar zachte textuur. Gecombineerd met de witte chocolade en het eiwitpoeder is dit een heerlijk eiwitrijke sporttraktatie!

Pureer de kiwi's tot moes. Meng de chiazaadjes, geraspte kokos, eiwitpoeder en poedersuiker door de fruitmoes, dek het mengsel af en zet dit truffeldeel ongeveer een uur in de koelkast.

Smelt de witte chocola au bain-marie op laag vuur. Haal de pan van het vuur zodra bijna alle chocolade is gesmolten en meng dan de kwark er door.

Bekleed een bord met een vel bakpapier. Haal het truffeldeeg uit de koelkast en draai er 6 balletjes van. Dip de truffels in het chocolade-yoghurtmengsel en leg ze op het bord. Laat de chocolade hard worden in de koelkast. De truffels zelf blijven lekker zacht.

TIP

Elk merk eiwitpoeder reageert en smaakt net iets anders. Wij maakten deze truffels met soja eiwitpoeder. Dat geeft een droger resultaat dan bijvoorbeeld whey eiwitpoeder. Als de truffels te zacht blijven kun je eventueel wat extra poeder en/of kokos toevoegen.

VOEDINGSWAARDE

TOTAAL 300 GRAM: KCAL 838 | VET 36,7 GR | V.VET 21 GR | KOOLHYDRATEN 70 GR | EIWIT 51 GR | VEZELS 13 GR | NATRIUM 78 MG
PER TRUFFEL (50 GRAM): KCAL 140 | VET 6 GR | V.VET 3,5 GR | KOOLHYDRATEN 12 GR | EIWIT 9 GR | VEZELS 2,1 GR | NATRIUM 13 MG

ENERGIEWAARDE

KOOLHYDRATEN VETTEN EIWITTEN

KWARKPANNENKOEKJES

VOOR / NA
6 KLEINE PANNENKOEKEN
MAAKTIJD 10 MINUTEN

INGREDIËNTEN
- **½ banaan (75 gram)**
- **50 gram havermout**
- **30 gram whey eiwitpoeder (vanillesmaak)**
- **1 ei**
- **100 gram magere kwark**
- **½ theelepel kaneel**
- **olijfolie**

Klassieke kwarkpannenkoekjes met een sportieve twist! Ze zijn ideaal als stevig ontbijt, zodat je er de rest van de (trainings)dag goed tegenaan kunt. Of neem er een paar mee voor na de training. Heerlijk met banaan, een dot kwark en wat agavesiroop.

Snijd de banaan in stukjes en doe deze samen met de andere ingrediënten (behalve de olijfolie) in een blender. Mix het geheel tot een glad en lobbig beslag.

Doe een scheutje olijfolie in een koekenpan en giet met een opscheplepel twee of drie hoopjes beslag in de pan. Bak de pannenkoekjes aan beide kanten tot ze goudbruin zijn.

A ALLERGENEN

ZADEN
VIS
INSECTEN
NOTEN
LACTOSE
GLUTEN
EI
SOJA
PINDA

ENERGIEWAARDE

VOEDINGSWAARDE
TOTAAL 325 GRAM: KCAL 506 | VET 10,8 GR | V.VET 3,2 GR | KOOLHYDRATEN 51,8 GR | EIWIT 47,3 GR | VEZELS 6,9 GR | NATRIUM 119 MG
PER PANNENKOEK (54 GRAM) KCAL 84 | VET 1,8 GR | V.VET 0,5 GR KOOLHYDRATEN 8,6 GR | EIWIT 7,8 GR | VEZELS 1,1 GR | NATRIUM 20 MG

EETSTIJL
 GLUTENVRIJ

 KOOLHYDRATEN VETTEN EIWITTEN

BUFFALO BALLS

NA

VOOR 8 BALLETJES
MAAKTIJD 10 MINUTEN + 1 UUR IN DE KOELKAST

INGREDIËNTEN

- **20 gram buffalolarven**
- **30 gram zachte dadels (3 stuks)**
- **mespunt cacaopoeder**
- **mespunt cayennepeper**
- **½ zakje espressopoeder**

ALLERGENEN

 ZADEN

 VIS

 INSECTEN

 NOTEN

LACTOSE

GLUTEN

EI

SOJA

PINDA

Insecten in je sportvoeding is misschien even wennen, maar deze gevriesdroogde buffalolarven smaken compleet neutraal en zijn enorm rijk aan eiwitten én duurzaam. Dat maakt ze tot een ideaal ingrediënt voor deze krachtsportballetjes!

Maal de larven tot een fijn meel. Dit gaat perfect met een staafmixer met een meng-maalbakje, maar met een vijzel lukt het ook. Maal dan wel echt door tot je geen stukjes meer hebt.

Voeg de dadels toe aan het meel en maal het samen tot een kleverig geheel. Voeg cacao, cayennepeper en espressopoeder toe en meng door tot je een kneedbaar deegje hebt.

Proef en breng eventueel op smaak met extra cacao of espressopoeder. Verdeel het mengsel in porties en draai hier 8 tot 10 balletjes van. Laat ze afgedekt een uurtje uitharden in de koelkast.

VARIATIETIP

Pure chocoladeballetjes
Smelt 40 gram pure chocola au bain-marie. Bekleed een bord met bakpapier en rol de uitgeharde balletjes één voor één door de chocola. Leg de balletjes op het bord en laat de chocolade hard worden in de koelkast.

Mokka vanilleballetjes
Smelt 40 gram witte chocola au bain-marie. Voeg het merg van een half vanillestokje en een ½ theelepel espressopoeder toe en roer goed. Bekleed een bord met bakpapier en rol de uitgeharde balletjes één voor één door het chocolamengsel. Leg de balletjes op het bord en laat de chocolade hard worden in de koelkast.

EETSTIJL

⊠ LACTOSEVRIJ

✶ GLUTENVRIJ

VOEDINGSWAARDE VOOR DE HELE BALLETJES

TOTAAL 55 GRAM: KCAL 192 | VET 5,5 GR | V.VET 1,9 GR | KOOLHYDRATEN 23 GR | EIWIT 13 GR | VEZELS 3,8 GR | NATRIUM 33 MG
PER BALLETJE (7 GRAM): KCAL 24 | VET 0,7 GR | V.VET 0,2 GR | KOOLHYDRATEN 3 GR | EIWIT 1,7 GR | VEZELS 0,5 GR | NATRIUM 4,1 MG

ENERGIEWAARDE

OVERIG

✳ INVRIESBAAR

 ■ KOOLHYDRATEN ■ VETTEN ■ EIWITTEN

NICECREAM

NA

VOOR 2 PERSONEN

MAAKTIJD 2 MINUTEN + 4 UUR IN DE VRIEZER

INGREDIËNTEN
- **4 rijpe bananen**
- **50 gram eiwitpoeder in smaak naar keuze (2 scoops)**

Gezond, lekker zoet en met een echte romige ijs-structuur, maar dan zonder de ongewenste vetten!

Snijd de bananen in plakjes, stop ze in een luchtdichte bak of zak en doe ze in de vriezer. Laat ze hier liggen tot vlak voor je het ijs wilt serveren. Na een uur of 4 zijn ze koud genoeg, maar je kunt ze prima langer in de vriezer laten liggen.

Pureer de bevroren bananen in een keukenmachine of met een staafmixer. Eerst zullen ze brokkelig worden, maar met een beetje geduld veranderen de bananen-stukjes in een glad en romig ijs. Dit is hét moment om het eiwitpoeder (of andere smaakvariaties) door het bananenijs te mengen.

Laat de machine nog even draaien, tot alles goed is gemengd. Gelijk versieren en serveren!

TIP
Zorg dat je altijd een voor-raadje bananenschijfjes in de vriezer hebt. Een ideale bestemming voor die net-te-rijpe bananen die vaak op de fruitschaal blijven liggen.

VARIATIE
- Meng met 100 gram blauwe bessen en scheutje zoete rijstmelk.
- Meng met wat kwark, walnoten en honing erdoor.
- Meng met een lepel pinda-kaas en garneer met suiker-pinda's.
- Meng met citroenschilrasp en wat sinaasappeljam.
- Voeg een scheut kokosmelk toe en versier met gesmol-ten pure chocolade.
- Versier met kersen en gesmolten witte chocolade.
- Garneer met warme appel en kaneel.

ZADEN
VIS
INSECTEN
NOTEN
LACTOSE
GLUTEN
EI
SOJA
PINDA

ENERGIEWAARDE

OVERIG
 INVRIESBAAR

VOEDINGSWAARDE
TOTAAL 500 GRAM: KCAL 690 | VET 4,1 GR | V.VET 2 GR | KOOLHY-DRATEN 112 GR | EIWIT 44,3 GR | VEZELS 10,5 GR | NATRIUM 0 MG
PER KOM (250 GRAM): KCAL 345 | VET 2,1 GR | V.VET 1 GR | KOOL-HYDRATEN 56 GR | EIWIT 22 GR | VEZELS 5,3 GR | NATRIUM 0 MG

EETSTIJL
 GLUTENVRIJ

■ KOOLHYDRATEN ■ VETTEN ■ EIWITTEN

PRETZEL PINDAMUFFINS

NA

6 MUFFINS
MAAKTIJD 10 MINUTEN + 15 MINUTEN OVENTIJD

INGREDIËNTEN

- **2 eieren**
- **120 ml magere melk**
- **70 gram havermeel (of vermalen havermout)**
- **60 gram whey eiwitpoeder (vanillesmaak of naturel)**
- **30 gram pretzels of zoute stokjes**
- **60 gram pindakaas**
- **20 gram pure chocolade van 80%**

ALLERGENEN

 ZADEN

 VIS

 INSECTEN

 NOTEN

 LACTOSE

 GLUTEN

 EI

 SOJA

 PINDA

Een verrassende combinatie van zoet en zout.

Verwarm de oven op 175 °C. Klop de eieren samen met de melk, havermeel en wheypoeder in een mengkom. Hak de pretzels in grove stukken en doe ze samen met de pindakaas bij het beslag.

Hak de chocolade in kleine stukjes en voeg ook deze toe aan het beslag. Het kan behoorlijk plakkerig aanvoelen, maar dat is niet erg. Dit is afhankelijk van het type wheypoeder.

Vet een muffinblik in met wat (kokos)olie of bakspray en verdeel het beslag over de vormpjes. Bak de muffins ongeveer 15 minuten. Ze mogen aan de binnenkant nog een beetje plakkerig zijn, maar moeten aan de buitenkant lekker stevig aanvoelen.

TIP

Afhankelijk van je whey eiwitpoeder kunnen de muffins wat zoet of juist minder zoet uitvallen. Is je muffin aan de zoete kant? Gebruik dan magere kwark met bessen als topping. Gebruik je een naturel wheypoeder? Dan kun je eventueel 10 gram zoetmiddel, zoals honing of ahornsiroop, aan het beslag toevoegen. De muffin zal dan meer smaak krijgen.

VOEDINGSWAARDE
TOTAAL 460 GRAM: KKCAL 1218 | VET 58 GR | V.VET 13,5 GR |
KOOLHYDRATEN 84 GR | EIWIT 84,4 GR | VEZELS 16,1 GR | NATRIUM 744 MG
PER MUFFIN (77 GRAM) KCAL 203 | VET 9,6 GR | V.VET 2,2 GR |
KOOLHYDRATEN 14 GR | EIWIT 14 GR | VEZELS 2,6 GR | NATRIUM 124 MG

ENERGIEWAARDE

■ KOOLHYDRATEN ■ VETTEN ■ EIWITTEN

APPELTAART EIWITREEP

NA

9 REPEN

MAAKTIJD 15 MINUTEN + 30 MINUTEN IN DE KOELKAST

INGREDIËNTEN

- **100 gram glutenvrij meel (bijvoorbeeld havermout of boekweit)**
- **75 gram kokosmeel**
- **50 gram whey of soja eiwitpoeder (2 scoops)**
- **1 theelepel kaneel**
- **½ theelepel nootmuskaat**

- **mespuntje mineraalzout**
- **2 eetlepels cacaoboter of kokosolie**
- **2 eetlepels dadelstroop (of andere zoetstof / suiker)**
- **2 eetlepels appelstroop**
- **300 gram appelmoes**
- **2 eetlepels (plantaardige) melk**

Doe beide meelsoorten in een grote kom en meng eiwitpoeder, kaneel, nootmuskaat en het zout er doorheen.

Verwarm de kokosolie of cacaoboter, dadelstroop en appelstroop in een kleine steelpan totdat alles gesmolten is. Giet de inhoud van de steelpan bij het droge mengsel in de grote kom en roer alles goed door elkaar.

Voeg de appelmoes toe aan het mengsel en roer tot alles goed is gemengd. Het deeg wordt nu een beetje kruimelig. Doe nu ook de melk erbij en kneed totdat er een dik en stevig deeg ontstaat.

Verspreid het deeg gelijkmatig in een vierkante ovenschaal en druk het stevig aan. Dek de vorm af met plasticfolie en laat het 30 minuten opstijven in de koelkast. Snijd het afgekoelde mengsel in 9 repen.

A
ALLERGENEN

ZADEN
VIS
INSECTEN
NOTEN
LACTOSE
GLUTEN
EI
SOJA
PINDA

ENERGIEWAARDE

VOEDINGSWAARDE

TOTAAL 400 GRAM: KCAL 1069 | VET 20,2 GR | V.VET 11,6 GR | KOOLHYDRATEN 131 GR | EIWIT 66,3 GR | VEZELS 49 GR | NATRIUM 158 MG
PER REEP (45 GRAM) KCAL 119 | VET 2,2 GR | V.VET 1,3 GR | KOOLHYDRATEN 15 GR | EIWIT 7,4 GR | VEZELS 5,4 GR | NATRIUM 18 MG

EETSTIJL

 GLUTENVRIJ

 KOOLHYDRATEN ■ VETTEN ■ EIWITTEN

LIMOEN MAANZAAD EIWITREEP

VOOR / NA
6 REPEN
MAAKTIJD 10 MINUTEN

INGREDIËNTEN

- **50 gram amandelmeel**
- **50 gram kokosmeel**
- **2 scoops soja eiwitpoeder vanille (50 gram)**
- **1 eetlepel maanzaad**
- **8 eetlepels vanillevla**
- **sap van 1 limoen**
- **2 eetlepels speltstroop of ander zoetmiddel (40 gram)**

ALLERGENEN

 ZADEN

VIS

 INSECTEN

NOTEN

LACTOSE

 GLUTEN

EI

SOJA

 PINDA

Deze repen zien er niet alleen vrolijk uit, ze zijn ook nog eens in een handomdraai gemaakt.

Doe beide meelsoorten in een kom en meng dit met het eiwitpoeder en maanzaad. Voeg vanillevla, limoensap en speltstroop toe en kneed alles tot een mooi deeg. Het deeg hoort redelijk droog te zijn, maar als het niet één geheel wordt, kun je eventueel wat   toevoegen.

Vorm 4 repen van het deeg en bewaar ze in de koelkast tot na het sporten. Eet deze repen binnen een dag op.

TIP
Als je ongezoet, zelfgemaakt eiwitpoeder gebruikt kun je wat extra speltstroop toevoegen voor meer smaak.

VARIATIE
Vervang het limoensap door roosvicee ferro en de vanillevla door aardbeienvla voor een zoetere, met ijzer verrijkte variant van deze reep.

SPELTSTROOP
Het oergraan spelt geeft een karakteristieke en zoete smaak aan deze stroop wat het geschikt maakt als natuurlijk zoetmiddel.

VOEDINGSWAARDE
TOTAAL 350 GRAM: KCAL 870 | VET 38,5 GR | V.VET 5,9 GR | KOOLHYDRATEN 51 GR | EIWIT 58,5 GR | VEZELS 29 GR | NATRIUM 53 MG
PER REEP (60 GRAM): KCAL 145 | VET 6,4 GR | V.VET 0,9 GR | KOOLHYDRATEN 8,5 GR | EIWIT 9,8 GR | VEZELS 4,8 GR | NATRIUM 8,8 MG

ENERGIEWAARDE

■ KOOLHYDRATEN ■ VETTEN ■ EIWITTEN

CHOCOLADE EIWITMOUSSE

NA

2 PORTIES
MAAKTIJD 15 MINUTEN

INGREDIËNTEN

- **½ rijpe avocado**
- **100 ml magere melk**
- **1 grote rijpe banaan**
- **2 eetlepels rauwe cacaopoeder**
- **50 gram whey eiwitpoeder met chocoladesmaak (2 scoops)**
- **30 gram pure chocola**

VARIATIETIP

Vervang de magere melk eens door kokosmelk.

TIP

Garneer met rauwe cacaonibs en/of hennepzaad of roer wat kardemompoeder door de mousse.

Heb je geen eiwitpoeder met chocoladesmaak? Gebruik dan vanille en voeg 1 eetlepel cacao toe.

Pureer de avocado, melk en banaan met een staafmixer tot een mooie zachte mousse. Voeg cacaopoeder en eiwitpoeder toe en mix het nog eens goed door.

Smelt de chocolade au bain-marie, laat het iets afkoelen en giet het bij de mousse. Spatel de chocola door de mousse tot een romig en glad geheel. Schep de chocolademousse in twee glazen.

Je kunt het direct eten, maar het is ook lekker om de mousse nog even af te laten koelen in de koelkast.

ZADEN
VIS
INSECTEN
NOTEN
LACTOSE
GLUTEN
EI
SOJA
PINDA

ENERGIEWAARDE

VOEDINGSWAARDE

TOTAAL 450 GRAM: KCAL 747 | VET 32,7 GR | V.VET 10,9 GR | KOOLHYDRATEN 62 GR | EIWIT 44 GR | VEZELS 16 GR | NATRIUM 64 MG
PER GLAS (225 GRAM): KCAL 374 | VET 16 GR | V.VET 5,5 GR | KOOLHYDRATEN 31 GR | EIWIT 22 GR | VEZELS 8 GR | NATRIUM 32 MG

EETSTIJL

 GLUTENVRIJ

■ KOOLHYDRATEN ■ VETTEN ■ EIWITTEN

EIWITBONBOMMETJES

NA

7 OF 8 BONBOMMETJES
MAAKTIJD 10 MINUTEN

ALLERGENEN

 ZADEN

 VIS

 INSECTEN

 NOTEN

 LACTOSE

 GLUTEN

 EI

 SOJA

 PINDA

INGREDIËNTEN

- **25 gram whey eiwitpoeder vanille (1 scoop)**
- **25 gram soja eiwitpoeder vanille (1 scoop)**
- **3 eetlepels skyr, hangop of (biologische) magere kwark**
- **2 eetlepels poedersuiker**

Voor een crispy mokkasmaak

- 2 theelepels cacaopoeder
- 2 theelepels palm- of kokosbloesemsuiker
- 2 theelepel chiazaadjes
- 1 theelepel gemalen koffiebonen of ½ zakje espressopoeder

Voor een matcha cranberrysmaak

- 1 eetlepel matchapoeder
- 10 gedroogde cranberries, in kleine stukjes

Voor een kokossmaak

- 5 eetlepels geraspte kokos

EETSTIJL	VOEDINGSWAARDE VOOR DE HALE BONBOMMETJES	ENERGIEWAARDE
GLUTENVRIJ	**TOTAAL 300 GRAM:** KCAL 838 | VET 36,7 GR | V.VET 21 GR | KOOLHYDRATEN 70 GR | EIWIT 51 GR | VEZELS 13 GR | NATRIUM 78 MG **PER TRUFFEL (50 GRAM):** KCAL 140 | VET 6 GR | V.VET 3,5 GR | KOOLHYDRATEN 12 GR | EIWIT 9 GR | VEZELS 2,1 GR | NATRIUM 13 MG	

■ KOOLHYDRATEN ■ VETTEN ■ EIWITTEN

MATCHA

Matcha is groene thee uit Japan. De fijnste theebladeren worden geselecteerd, gestoomd, gedroogd en verpulverd, zodat er een groen poeder overblijft. Dit poeder is wat bitter van smaak en bijzonder rijk aan aminozuren, vitaminen en mineralen. Ook bevat het cafeïne.

Klein, maar bomvol eiwit! Maak elke keer een andere smaakvarianten. Zo heb je steeds opnieuw een sportsnack om naar uit te kijken als je klaar bent met sporten!

Meng alle ingrediënten samen in een kom tot er een kleverig mengsel ontstaat. Elk merk eiwitpoeder heeft een eigen smaak en reageert weer net even anders op zuivelproducten als skyr of hangop. Voeg eventueel dus wat extra eiwitpoeder, poedersuiker of zuivel toe, tot de smaak je bevalt en de textuur redelijk stevig is; ergens tussen beslag en deeg in. Het blijft een plakkerig goedje, maar zodra je het mengt met een van de smaakmakers wordt het plakken minder. Ook in de koelkast harden de bonbommetjes nog verder uit.

Meng de ingrediënten voor de crispy mokkasmaak of matcha cranberrysmaak door elkaar.

Maak je de matcha cranberrybonbommetjes? Roer dan de hele smaakmix door je zuivel-eiwitmengsel en rol er in je hand bolletjes van.

Als je kiest voor één van de andere smaakmakers, dan hoef je maar ¾ van je smaakmaker aan het het zuivel-eiwitmengsel toe te voegen. Roer goed en draai er dan bolletjes van. Rol de bolletjes door het restant van je smaakmaker om ze een mooi laagje te geven.

Dek de balletjes af en bewaar ze in de koelkast tot gebruik. Eet ze dezelfde dag nog op.

HERSTELBURGERS

NA

4 BURGERS (2 TOT 4 HONGERIGE KRACHTSPORTERS)
MAAKTIJD 30 MINUTEN

ZADEN

VIS

INSECTEN

NOTEN

LACTOSE

GLUTEN

EI

SOJA

PINDA

INGREDIËNTEN

Voor de burgers

- **50 gram kikkererwten uit blik**
- **50 ml kwark**
  (of plantaardige yoghurt)
- **50 gram linzen**
  (uit blik, uitgelekt)
- **50 gram (zelfgemaakt) soja**
  eiwitpoeder (zie bladzijde 75)
- **100 tot 150 gram**
  groentevezels uit de juicer
- **20 tot 40 gram notendeeltjes**
- **3 eetlepels roosvicee ferro**
- **1 teentje knoflook,**
  fijngesneden
- **1 lente-ui, in dunne ringen**
- **½ theelepel gerookt**
  paprikapoeder
- **1 theelepel komijnpoeder**
- **1 theelepel kerriepoeder**

Voor een krokant korstje

- **3 eetlepels havermout**
- **1 eetlepel sesamzaadjes**

EETSTIJL	VOEDINGSWAARDE	ENERGIEWAARDE
GLUTENVRIJ	**TOTAAL 500 GRAM:** KCAL 901 | VET 39 GR | V.VET 4,5 GR | KOOLHYDRATEN 84 GR | EIWIT 47 GR | VEZELS 22,7 GR | NATRIUM 277 MG **PER BURGER (125 GRAM):** KCAL 225 | VET 9,8 GR | V.VET 1,1 GR | KOOLHYDRATEN 21 GR | EIWIT 12 GR | VEZELS 5,7 GR | NATRIUM 69 MG	

 KOOLHYDRATEN ■ VETTEN ■ EIWITTEN

TIP
Heb je geen juicer in huis?
Vervang de groentevezels
door 60 gram havermout
of boekweit en 60 gram geraspte groente, zoals wortel
of biet. De notendeeltjes kun
je vervangen door amandelmeel.

Bij het maken van de plantaardige melk van bladzijde 128 houd je een kleine hoeveelheid fijngemalen
notendeeltjes en schilletjes over. En gebruik je een
juicer om groentesap te maken? Dan houd je regelmatig een bak(je) met vezels over. Van deze restjes
kun je een heerlijke eiwitrijke vegetarische herstel-
burger maken. Maak vooral een dubbele portie. De
burgers die zijn heerlijk als lunch of tussendoortje
de volgende dag!

Laat de kikkererwten uitlekken en pureer ze samen met
de kwark tot een smeuïg mengsel. Laat de linzen ook
uitlekken en doe ze samen met de kikkererwtenkwark
en het eiwitpoeder in een kom. Roer goed door elkaar.

Voeg de groentevezels, notendeeltjes en roosvicee
door het mengsel, zodat je burger straks een goede
hoeveelheid ijzer bevat. Hak de knoflook fijn en snijd
de lente-ui in dunne ringen en voeg ze toe aan het
mengsel. Doe ook het paprika-, komijn- en kerriepoeder erbij en roer goed door elkaar tot er een deeg
ontstaat.

Kneed het deeg goed door en breng het op smaak met
wat peper en zout. Verdeel het deeg in 4 stukken en
vorm hier ballen van. Duw ze al knedend plat zodat je
4 burgers hebt.

Meng de havermout en sesamzaadjes door elkaar in
een diep bord en rol de burgers door dit mengsel. Bak
de burgers op middelhoog vuur aan beide kanten ongeveer 10 minuten, tot ze een lekker knapperig korstje
hebben. Heerlijk op een witte bol met verse tzatziki van
kwark, mosterd, geraspte komkommer en een beetje
citroensap.

TROPISCHE BOUNTYBAR

NA

3 REPEN

MAAKTIJD 15 MINUTEN + 2 UUR IN DE KOELKAST

INGREDIËNTEN

- **45 gram gezoete, gedroogde papaja**
- **40 gram magere melkpoeder**
- **15 gram gemalen kokos**
- **40 ml plantaardige melk**
- **100 gram pure chocolade (minimaal 72%)**

ZADEN

VIS

INSECTEN

NOTEN

LACTOSE

GLUTEN

EI

SOJA

PINDA

Doe de papaja, melkpoeder en kokos in een keukenmachine en mix het goed door elkaar. Voeg de melk toe en laat nog even flink draaien tot je een samenhangend mengsel hebt.

Druk het mengsel in een siliconenmal (reepvorm) of vorm er met de hand repen van. Laat ze ongeveer 2 uur opstijven in de koelkast.

Als de repen stijf zijn, kun je de chocolade au bain-marie laten smelten. Doop de repen in de gesmolten chocolade en leg ze dan op een stukje bakpapier. Zet de repen nog 10 minuten in de koelkast om de chocolade hard te laten worden.

TIP

Smelt voor een glanzende chocoladelaag tweederde van de chocolade au bain-marie. Haal de pan van het vuur zodra de chocolade volledig is afgekoeld. Doe nu direct de rest van de chocolade in de pan en blijf roeren tot ook dit deel van de chocolade volledig is afgekoeld. De chocolade wordt nu wat dikker en gaat glanzen. Gebruik de chocolade direct, voor hij weer afkoelt.

De hoeveelheid chocolade is meer dan je eigenlijk nodig heb, zodat je de repen makkelijker kunt dopen. De overgebleven chocolade kun je in een bakje bewaren voor een volgende keer. .

EETSTIJL

GLUTENVRIJ

VOEDINGSWAARDE

TOTAAL 185 GRAM: KCAL 462 | VET 12,2 GR | V.VET 8,1 GR | KOOLHYDRATEN 66,7 GR | EIWIT 17,3 GR | VEZELS 5 GR | NATRIUM 220 MG
PER REEP (62 GRAM): KCAL 154 | VET 4 GR | V.VET 2,7 GR | KOOLHYDRATEN 22,9 GR | EIWIT 5,8 GR | VEZELS 1,6 GR | NATRIUM 73 MG

ENERGIEWAARDE

OVERIG

INVRIESBAAR

 KOOLHYDRATEN ■ VETTEN ■ EIWITTEN

MAAK JE EIGEN EIWITPOEDER

 VEGANISTISCH

INGREDIËNTEN
PLANTAARDIG EIWITPOEDER

- **20 gram havergrutten**
- **20 gram witte rijst**
- **30 gram gedroogde groene linzen**
- **30 gram gedroogde kikkererwten**

 VEGANISTISCH

INGREDIËNTEN
SOJA EIWITPOEDER

- **100 gram gedroogde sojabonen (biologisch)**

Deze eiwitpoeders zijn goed opneembaar en hebben een compleet aminozuurprofiel dat werkt voor spierherstel, spieropbouw en spierbehoud. Daarnaast verlaagt plantaardig eiwitpoeder het LDL (het slechte cholesterol) dankzij de aanwezige plantensterolen. Met zelfgemaakt eiwitpoeder kun je prima bakken en koken: door het te verhitten gaan er geen eiwitten verloren (dit is wel het geval bij whey eiwitpoeder). Zo kun je heel eenvoudig zorgen voor een extra eiwit boost door in je favoriete recept een deel van het bloem te vervangen door eiwitpoeder.

PLANTAARDIG EIWITPOEDER

Maal alle ingrediënten tot een zeer fijn poeder in een keukenmachine, blender of koffiebonenmaler. Als het goed is heb je uiteindelijk ongeveer twee koppen eiwitpoeder.

Bewaar het poeder in een luchtdichte verpakking en gebruik het op dezelfde manier waarop je kant-en-klaar poeder zou gebruiken.

SOJA EIWITPOEDER

Maal de sojabonen tot een zeer fijn poeder in een keukenmachine, blender of koffiebonenmaler. Je kunt ook kant-en-klaar biologisch (en ontvet) sojameel kopen.

SMAAKMAKERS

De smaak van deze eiwitpoeders is anders dan die van kant-en-klare poeders uit de winkel. Dat proef je vooral in een pure shake, waarbij je het poeder alleen combineert met water. Eventueel kun je een smaakmaker toevoegen aan het poeder. Zonder smaakmaker zijn de zelfgemaakte eiwitpoeders vooral geschikt om te gebruiken als onderdeel van een recept.

- Schraap een vanillestokje leeg en voeg het merg toe aan 2 eetlepels poedersuiker (of gebruik kokosbloesem- of palmsuiker). Meng door elkaar en voeg dit toe aan het eiwitpoeder. Of houdt het simpel en voeg twee zakjes vanillesuiker toe aan het poeder.
- Meng een eetlepel cacao door het eiwitpoeder.
- Meng voor een pumpkinspice smaak een ½ theelepel gemberpoeder, ½ theelepel nootmuskaat, ½ theelepel kaneel en ½ theelepel suiker door het eiwitpoeder.

HET VERSCHIL

Eerlijk is eerlijk: zelfgemaakt eiwitpoeder bevat minder eiwit per scoop dan een kant-en-klaar eiwitpoeder. Daar staat tegenover dat het stukken goedkoper en gemakkelijk zelf te maken is. En je weet precies wat je binnen krijgt.

WAT ZIT ER IN EIWITPOEDER:

WAT	INGREDIËNTEN (OP DE VERPAKKING)
Zelfgemaakt soja eiwitpoeder	sojabonen (gedroogd)
Zelfgemaakt plantaardig eiwitpoeder	groene linzen, witte rijst, kikkererwten (gedroogd), havergrutten
Uit de winkel: sojameel (ontvet)	sojabonen
Uit de winkel: soja eiwitpoeder (vanille)	soja eiwit isolaat, fructose, smaakaroma, zetmeel, zoetstof (sucralose), verdikkingsmiddel (xantaangum, guargum), zoetstof (acesulfame k), vanilline. *(soja eiwit Isolaat - Body & Fit)*
Uit de winkel: whey eiwitpoeder	wei-eiwit mix (geïnstantiseerd wei-eiwit concentraat (bevat soja en melk), geïnstantiseerd wei-eiwit isolaat (bevat soja en melk), geïnstantiseerd wei-eiwit hydrolisaat (bevat melk), resistente dextrine, verdikkingsmiddelen (xanthaangom E415, guargom E412), aroma, zoetstoffen (sucralose E955, acesulfaam-K E950). *(Whey Perfection - Body & Fit)*
Uit de winkel: caseïne eiwitpoeder Micellair	eiwit concentraat (melkeiwit, lactose), carboxy methyl cellulose, dextrose, sojalecithine, natrium chloride, zoetstof: acesulfaam-K & sucralose. *(Casein Micellar 2.0 kg - Bodylab24)*

EIWITPOEDER 100 GR	KCAL	VET	EIWIT	SCOOP 25 GR	KOOL-HYDRATEN	VEZELS	PRIJS 100 GR
Zelfgemaakt							
Soja eiwitpoeder	418	19	36	11	16	22	0,36
Plantaardig eiwitpoeder	340	3,5	20	6	54	13	0,41
Uit de winkel							
Sojameel (ontvet)	372	2,5	50	15	30	15	0,20
Soja eiwitpoeder (vanille)	387	3,6	82	25	7	0,4	1,25
Wei eiwitpoeder	377	5,6	78	24	6	2,7	1,80
Caseïne eiwitpoeder	370	2	82	25	9	1,5	1,80

TEAMSPORT

SAMEN STA JE STERK!

Samen trainen, zwoegen en doelen bepalen. Met zijn allen op naar die overwinning! Teamsporters moeten elkaar steunen door dik en dun. Ze vertrouwen én bouwen op elkaar. De teamleden kennen elkaars spel. Zowel de sterke als de zwakke punten. Maar vooral: elk teamlid weet: je staat er nooit alleen voor.

Een belangrijk kenmerk van teamsport is het intervalkarakter. Meestal ben je langer dan een uur aan het sporten, waarin je snelheid afwisselt met kracht, sprongen, snelle wendingen en korte sprints. Daarbij zijn er regelmatig momenten van rust. De intensiteit van de bewegingen verandert dus constant en zijn van tevoren niet vastgelegd. Je weet nooit precies wat je kunt verwachten als de wedstrijd begint. Enkele voorbeelden van sporten die (qua bewegingspatroon) onder teamsport vallen zijn: tennis, voetbal, handbal, korfbal, hockey, maar ook dans (bijvoorbeeld ballet en ballroom).

Voeding is ook voor teamsporters een belangrijk onderdeel. Zorg bijvoorbeeld dat je goed gehydrateerd bent voordat je aan een training of wedstrijd begint.

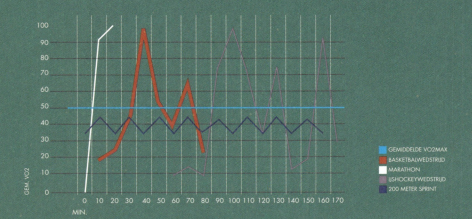

Een marathonloper en een basketballer hebben een totaal
verschillend inspanningspatroon.

Bron: Maughan, R.J. (2000) Nutrition in sports

WEETJE

Een tenniswedstrijd voor vrouwen kan wel drie uur duren. Voor mannen zelfs wel vijf uur! De langst gespeelde wedstrijd op één dag duurde 7 uur en 2 seconden. Hij werd gespeeld in de eerste ronde van de mannen dubbels tijdens de

Davis Cup in 2013. De kortste tenniswedstrijd duurde slechts 24 minuten. Deze werd gewonnen door Margaret Court in 1963, tijdens de Eastern Grass Court Championships.

SPORTABLES EN TEAMSPORT

Teamsporters trainen vaak meerdere keren per week en spelen daarnaast ook nog eens één of meerdere wedstrijden. Gezonde voeding en de balans tussen energie-inname en energieverbruik is voor deze groep sporters dus ook net zo belangrijk als voor duur- en/of krachtsporters.

Door de verschillende pauzemomenten tijdens het sporten is de energie behoefte over het algemeen wat lager bij teamsporters dan bij duursporters. Deze rustmomenten zijn ook ideaal om even een SPORTable te eten of drinken. Door het intervalkarakter schommelt de voedselbehoefte van teamsporters wat tussen die van duursporters en krachtsporters in. Naast de recepten op de volgende bladzijden zijn ook veel recepten uit de eerste hoofdstukken dus geschikt voor teamsporters. Kijk op bladzijde 238 voor een tabel met de voedingswaarden van alle recepten. Zo kies je de meest optimale SPORTable voor je trainings- of wedstrijddag.

DE SPORTKANTINE

Bij teamsport denk je al snel aan de sportkantine: na het sporten gezellig samen genieten van een vette hap, weggespoeld met een paar koude biertjes! Reuzengezellig inderdaad, maar over het algemeen is de vetconsumptie van teamsporters daardoor te hoog.

Vet vertraagt de koolhydraatopname in je lichaam en ook alcohol is verre van ideaal na het sporten. Niet alleen zit alcohol dehydratie in de weg, het krijgt ook voorrang in je lichaam om afgebroken te worden. Andere voedingsstoffen die je inneemt worden daardoor eerder opgeslagen als vet en je spieren kunnen niet optimaal herstellen.

Met een SPORTable op zak heb je altijd iets lekkers om naar uit te kijken na het sporten én eet je ook nog eens iets gezonds dat je helpt tekorten in je lichaam te herstellen.

In de dagen voor een wedstrijd en/of training is het goed te letten op je koolhydraatinname. Deze moet voldoende zijn om je glycogeenniveau op peil te houden, zodat deze optimaal is als je aan de training of wedstrijd begint. Zo kun je je optimaal concentreren en presteren.

Glycogeen is een molecuul waarin energie wordt opgeslagen. Het wordt door je lichaam aangemaakt uit glucose, zodat je altijd een kleine energievoorraad achter de hand hebt. Bij het sporten wordt die energie gebruikt en wordt het glycogeen afgebroken; de brandstofvoorraad raakt leeg. Het is dus belangrijk om die voorraad tijdig aan te vullen.

TIP
Heb je hard en veel getraind of een zware wedstrijd gespeeld? Neem dan een late night snack
met trage eiwitten. Bijvoorbeeld in de vorm van
een bakje kwark met een eetlepel honing of
jam en wat schijfjes banaan. Hierdoor kunnen
je spieren ook 's nachts nog doorgaan met
herstellen.

ALGEMENE RICHTLIJNEN
TRAININGS- EN WEDSTRIJDDAGEN

Hoe meer ervaring je hebt met wedstrijden en trainingsprogramma's, hoe beter je weet
hoe intensief de sporttijd zal zijn en wat je nodig hebt. Een goede voorbereiding is het
halve werk en het meenemen van een SPORTable is zeker gewenst!

ANDERE FACTOREN DIE MEESPELEN BIJ HET ENERGIEVERBRUIK VAN
TEAMSPORTERS

- Hoe ver moet je reizen van en naar de club of wedstrijd? Pak je
  de auto of de fiets?
- Hoeveel mogelijkheden heb je om tijdens een training of wedstrijd
  iets te eten en/of te drinken?
- Sport je buiten of binnen? Let op zaken als omgevingstemperatuur of
  luchtvochtigheid. Die factoren bepalen mede wat je nodig hebt.
- Is er een kantine met iets gezonds te eten gelijk na de wedstrijd of
  serveren ze alleen vette happen?
- Hoeveel wedstrijden speel je? Gaat het om een enkele wedstrijd of om
  een toernooi?

KOOLHYDRATEN

De belangrijkste energieleverancier voor de teamsporter! Neem op een sportieve dag 5 tot 7 gram koolhydraten per kilogram lichaamsgewicht per dag. Neem je te weinig koolhydraten, dan duurt het gemiddeld 2 tot 3 dagen voor je energievoorraad weer op niveau is. Let hier dus op als je langer dan 3 uur aan het sporten bent! Te veel koolhydraten is ook niet goed, deze verbrand je niet en sla je op als vet.

EIWIT

1,2 tot 1,7 gram per kg lichaamsgewicht per dag.

VET

Per dag 20 tot 30 energieprocent vet waarvan maximaal 10 energieprocent verzadigd vet. Op bladzijde 200 lees je meer over energieprocenten en de manier waarop je deze berekent.

VOCHT

Minimaal 1,5 tot ongeveer 5 liter vocht per dag. Hoeveel vocht je moet drinken is afhankelijk van bijvoorbeeld de omgevingstemperatuur, of je binnen of juist buiten traint, type sport en natuurlijk van de mate waarin je zweet. Meer over vocht vind je in het hoofdstuk Drinken.

RUSTDAG

Een teamsporter in rust doet er goed aan om zich te houden aan de Richtlijnen Goede Voeding. Deze richtlijnen vormen een perfecte basis voor het eetpatroon. Lees hier meer over op bladzijde 198.

2 TOT 4 UUR **VOOR DE INSPANNING**

KOOLHYDRATEN

Ongeveer 70 gram of 1 tot 4 gram per kilo lichaamsgewicht. Dit is afhankelijk van intensiteit en duur van je sport. Kies voornamelijk voor complexe koolhydraten met zo min mogelijk vezels.

EIWIT

20 tot 25 gram.

VET

Zo min mogelijk.

VOCHT

300 tot 600 ml in de vorm van water, thee, vruchtensap of een sportdrank.

TIJDENS

KOOLHYDRATEN

Afhankelijk van de duur van de inspanning.
- Korter dan 60 minuten:
  geen koolhydraten nodig.
- 60 tot 120 minuten:
  minimaal 30 gram per uur.
- 120 minuten of langer:
  60 tot 90 gram per uur.

Je lichaam kan maximaal 90 gram koolhydraten per uur opnemen en gebruiken. Het heeft daarom geen zin om meer koolhydraten te eten. Daar word je hooguit misselijk van, omdat je lichaam al die suikers niet snel genoeg kan verwerken.

EIWIT

Zo min mogelijk.

VET

Zo min mogelijk.

VOCHT

Ongeveer 1 liter per 1,5 uur (150 tot 300 ml per 15 minuten). Het is bewezen dat je prestaties duidelijk verbeteren wanneer je minimaal 150 ml per 20 minuten drinkt.

Heb je moeite met drinken tijdens het sporten? Bouw het dan rustig op. Je maag is te trainen om meer vloeistof op te nemen, zonder dat hij gaat protesteren.

2 TOT 4 UUR NA DE INSPANNING

KOOLHYDRATEN

1 tot 2 gram per kilo lichaamsgewicht.

EIWIT

10 tot 20 gram.

VET

Zo min mogelijk.

VOCHT

Gewichtsverlies x 1,5 liter hypotoon of isotone drank.

BOEKWEITONTBIJT

VOOR
2 PORTIES
MAAKTIJD 10 MINUTEN + NACHT WEEKTIJD

INGREDIËNTEN
- **200 gram boekweit**
- **300 ml melk**
- **10 walnoten**
- **1 peer**
- **1 theelepel speculaaskruiden**
- **2 eetlepels honing (of andere zoetstof zoals rijststroop)**

ZADEN

 VIS

 INSECTEN

 NOTEN

 LACTOSE

 GLUTEN

 EI

 SOJA

 PINDA

Heb je een lange dag voor de boeg, maak dan dit ontbijt. Heerlijk, zeker met vers fruit. Zo ben je verzekerd van voldoende energie voor de komende uren.

Laat de boekweit een nacht lang weken in water. Giet de geweekte boekweit in een vergiet en spoel af met koud water. Doe de boekweit samen met de melk in een pan en breng dit al roerend aan de kook. Haal de pan van het vuur, zodra de melk kookt.

Hak de walnoten, zodat ze iets kleiner worden en rooster ze licht in een koekenpan. Laat ze afkoelen. Was ondertussen de peer en snijd hem in kleine stukjes.

Pureer de boekweit met een staafmixer tot een gladde, romige pap. Roer de speculaaskruiden erdoor, verdeel over twee kommen en garneer met de stukjes peer, walnoot en wat honing.

LACTOSEVRIJ
Gebruik voor een lactosevrije variant plantaardige melk.

EETSTIJL

 GLUTENVRIJ

VOEDINGSWAARDE VOOR DE HELE BONBOMMETJES
TOTAAL 600 GRAM: KCAL 1389 | VET 39 GR | V.VET 4,3 GR |
KOOLHYDRATEN 216 GR | EIWIT 36 GR | VEZELS 17,3 GR | NATRIUM 141 MG
PER KOM (300 GRAM): KCAL 116 | VET 3,3 GR | V.VET 0,3 GR |
KOOLHYDRATEN 18 GR | EIWIT 3 GR | VEZELS 1,5 GR | NATRIUM 12 MG

ENERGIEWAARDE

■ KOOLHYDRATEN ■ VETTEN ■ EIWITTEN

ABRIKOZEN EIERKOEKEN

VOOR / TIJDENS
6 EIERKOEKEN
MAAKTIJD 10 MINUTEN + 10 MINUTEN OVENTIJD

INGREDIËNTEN
- **2 eieren**
- **100 gram (kokosbloesem)suiker of**
- **3 eetlepels honing/agavesiroop (60 gram)**
- **1 citroen**
- **100 gram patent tarwebloem of speltbloem**
- **½ theelepel bakpoeder**
- **snufje mineraal zout**
- **25 gram gedroogde, gewelde abrikozen**

WEETJE
De abrikozen en het mineraalzout zitten niet zomaar in deze koeken. Abrikozen zitten boordevol kalium. Samen met het mineraalzout levert dat een perfecte combinatie op van natrium en kalium. Wanneer je flink zweet is het belangrijk dat je deze twee mineralen genoeg binnen krijgt. De eierkoeken vullen je voorraad al tijdens het sporten aan. Zo blijf je de hele training of wedstrijd fit en energiek.

Verwarm de oven op 180 °C. Meng de eieren met de suiker of honing. Was de citroen, rasp de schil en doe het raspsel bij het beslag.

Spatel bloem, bakpoeder en zout voorzichtig door de eieren en de suiker. Spatel niet te hard, anders verdwijnt alle lucht uit je beslag. Het beslag mag een beetje plakkerig zijn.

Snijd de abrikozen in kleine stukjes en spatel ze voorzichtig door het beslag. Bekleed een bakplaat met bakpapier en verdeel het beslag over de bakplaat in zes hoopjes. Leg de hoopjes niet te dicht bij elkaar, want het beslag loopt nog iets uit op de bakplaat. Bak de eierkoeken in ongeveer tien minuten goudbruin.

ALLERGENEN

ZADEN
VIS
INSECTEN
NOTEN
LACTOSE
GLUTEN
EI
SOJA
PINDA

ENERGIEWAARDE

OVERIG
 INVRIESBAAR

VOEDINGSWAARDE
TOTAAL 325 GRAM: KCAL 955 | VET 10,2 GR | V.VET 3,1 GR |
KOOLHYDRATEN 186 GR | EIWIT 26,1 GR | VEZELS 7,6 GR | NATRIUM 293 MG
PER EIERKOEK: KCAL 293 | VET 3,1 GR | V.VET 0,9 GR |
KOOLHYDRATEN 57 GR | EIWIT 8,1 GR | VEZELS 2,3 GR | NATRIUM 90 MG

EETSTIJL
 LACTOSEVRIJ

■ KOOLHYDRATEN ■ VETTEN ■ EIWITTEN

BANANENBROOD

VOOR / TIJDENS

15 PORTIES Á 65 GRAM
MAAKTIJD 15 MINUTEN + 40 MINUTEN OVENTIJD

ALLERGENEN

 ZADEN

VIS

INSECTEN

NOTEN

LACTOSE

 GLUTEN

EI

SOJA

 PINDA

INGREDIËNTEN

- **3 (rijpe) bananen**
- **10 dadels (100 gram)**
- **100 ml water**
- **150 ml (bio) sojayoghurt**
- **sap van halve citroen**
- **1 eetlepel kaneel**
- **stukje verse gember (20 gram)**
- **100 gram boekweitmeel**
- **100 gram havermout**
- **100 gram speltbloem**
- **1 zakje bakpoeder (16 gram)**
- **mespuntje mineraalzout**
- **25 gram gedroogde, gezoete papaja**
- **2 eetlepels maanzaad**
- **20 gram rozijnen**

EETSTIJL

 LACTOSEVRIJ

 VEGANISTISCH

VOEDINGSWAARDE

TOTAAL 1000 GRAM KCAL 2000 | VET 18,1 GR | V.VET 2,8 GR |
KOOLHYDRATEN 395 GR | EIWIT 46 GR | VEZELS 46 GR | NATRIUM 161MG
PER PLAK VAN 65 GRAM KCAL 130 | VET 1,2 GR | V.VET 0,2 GR |
KOOLHYDRATEN 26 GR | EIWIT 3 GR | VEZELS 3 GR | NATRIUM 10,5 MG

ENERGIEWAARDE

OVERIG

 INVRIESBAAR

 ■ KOOLHYDRATEN ■ VETTEN ■ EIWITTEN

VARIATIETIP
• In plaats van papaja kun
je ook andere gedroogde
vruchten gebruiken, zoals
ananas, appel of mango.

• Van dit bananenbrood
maak je eenvoudig een
herstelbrood voor na het
sporten. Vervang daarvoor
de sojayoghurt door magere
kwark en voeg 2 eieren en
50 gram sojameel toe aan
het recept. Serveer met een
dot kwark en wat honing.

TIP
Eet ongeveer twee uur voor
het sporten twee plakken
bananenbrood gegarneerd
met magere kwark en één
stuks gesneden vers fruit naar
keuze. Zo krijg je alle beno-
digde voedingsstoffen binnen
voor je gaat sporten.

**Bananenbrood is zo lekker! Deze gezonde sportva-
riant is dan ook één van onze favorieten. Hij is snel
gemaakt en multi-inzetbaar! Lekker warm uit de
oven als ontbijt of voor onderweg. Je kunt hem ook
prima te serveren tijdens een lange vergadering,
terwijl iedereen zijn hersens kraakt.**

Verwarm de oven voor op 180 °C. Pel de bananen en
doe ze samen met de ontpitte dadels, water, sojayoghurt, citroensap, kaneel en gember in een keukenmachine of blender. Mix tot je een glad mengsel hebt.

Doe nu ook het boekweitmeel, 80 gram havermout,
speltbloem, bakpoeder en zout in de mengkom. Mix
nog een keer tot er een gladde substantie ontstaat. Het
mengsel is wat droog. Als je blender moeite heeft met
mengen kun je even schudden met de mengbeker of
een heel klein beetje water of sojayoghurt toevoegen.

Snijd de papaja in stukjes en gebruik een spatel om
deze samen met het maanzaad en de rozijnen door
het beslag te roeren. Zo blijven de stukjes straks zichtbaar in het brood.

Vet het bakblik in met een beetje kokosolie en spatel
het beslag in de vorm. Bestrooi de bovenkant van met
de overgebleven havermout en bak het bananenbrood
in ongeveer 40 minuten goudbruin. Het brood blijft vrij
compact en rijst niet. Zo kun je het makkelijker meenemen en opeten, zonder dat het in je hand verbrokkelt.

GRANOLA FRUITREEP

VOOR / TIJDENS

15 REPEN | MAAKTIJD 10 MINUTEN + 20 MINUTEN OVENTIJD
+ 20 MINUTEN AFKOELEN

INGREDIËNTEN

- **50 ml versgeperst sinaasappelsap**
- **3 eetlepels rijststroop**
- **1½ eetlepel ongezoete pindakaas**
- **6 zachte dadels**
- **40 gram gedroogde abrikozen**
- **40 gram gedroogde zachte pruimen**
- **1 vanillestokje**
- **30 gram chiazaad**
- **60 gram havermout**
- **150 gram cornflakes**
- **60 gram havermeel**
- **30 gram amandelmeel**
- **2 grote eieren**

ALLERGENEN

 ZADEN

VIS

INSECTEN

NOTEN

LACTOSE

GLUTEN

EI

SOJA

PINDA

Verwarm de oven op 175 °C. Roer sinaasappelsap, rijststroop en pindakaas door elkaar. Ontpit de dadels en pruimen en snijd ze samen met de abrikozen in stukjes. Voeg de fruitstukjes toe aan het mengsel en roer alles goed door elkaar.

Snijd het vanillestokje open en schraap het merg eruit. Doe dit samen met het chiazaad, havermout en 100 gram van de cornflakes bij de rest en roer goed. Maal de resterende 50 gram cornflakes fijn en roer deze met het havermeel door het deeg. Kluts de eieren los en roer ook deze erdoor.

Bekleed een ovenschaal of bakblik van 22 x 22 cm met bakpapier en verdeel het mengsel over de plaat. Druk goed aan en zorg dat de laag overal ongeveer 2 cm dik is. Bak het mengsel 10 minuten en haal de bakplaat dan uit de oven.

Bekleed een bakplaat met bakpapier. Snijd de plaatkoek in 15 repen en leg deze los van elkaar op de bakplaat. Bak ze in ongeveer 10 minuten af, tot ze goudbruine randjes krijgen.

WEETJE

Rijststroop bestaat voor de helft uit complexe koolhydraten en de helft eenvoudige suikers. De suikers worden daardoor niet allemaal ineens door het lichaam verwerkt. Dat is een nuttige eigenschap en ideaal als ingrediënt bij energierepen voor sporters.

TIP

Deze repen kun je prima de avond van te voren maken. Of vries ze in, zodat je altijd wat op voorraad hebt.

EETSTIJL

 LACTOSEVRIJ

 GLUTENVRIJ

VOEDINGSWAARDE

TOTAAL 730 GRAM: KCAL 2230 | VET 51,7 GR | V.VET 9,7 GR | KOOLHYDRATEN 356,1 GR | EIWIT 62,5 GR | VEZELS 48,7 GR | NATRIUM 1046 MG
PER REEP (50 GRAM): KCAL 148 | VET 3,4 GR | V.VET 1,3 GR | KOOLHYDRATEN 23,7 GR | EIWIT 4,1 GR | VEZELS 3,2 GR | NATRIUM 69 MG

ENERGIEWAARDE

OVERIG

 INVRIESBAAR

 KOOLHYDRATEN VETTEN EIWITTEN

BANAAN PINDAWAFEL

VOOR / TIJDENS
4 WAFELS
MAAKTIJD 25 MINUTEN

INGREDIËNTEN
- **75 gram witbrood**
- **75 gram bloem**
- **5 gram bakpoeder**
- **1 eetlepel (kokosbloesem)suiker**
- **mespuntje mineraalzout**
- **2 eieren**
- **100 ml halfvolle melk**
- **1 rijpe banaan**
- **2 eetlepels pindakaas**

LACTOSEVRIJ
Gebruik voor lactosevrije wafels amandelmelk.

Warm het wafelijzer voor. Heb je geen wafelijzer?
Dan kun je er ook pannenkoekjes van maken. Bak
ze dan als American pancakes in een koekenpan.

Doe het witbrood in een keukenmachine of blender,
samen met bloem, bakpoeder, suiker en zout. Meng
alles door elkaar. Blijf mixen tot al het brood klein en
kruimelig is.

Klop in een aparte kom de eieren los met de melk.
Dit gaat het beste met een mixer op hoge snelheid; zo
wordt het beslag straks mooi luchtig. Giet het eimeng-
sel bij de droge ingrediënten in de blender, voeg de
banaan en pindakaas toe en meng het geheel tot een
glad, lobbig mengsel.

Vet het wafelijzer in met bakspray (of gebruik wat olie
en een kwastje). Giet voorzichtig een vierde van het
beslag in de wafelvorm tot de bovenste uitsparingen
nog net zichtbaar zijn. Bak de wafel tot de buitenkant
krokant en goudkleurig is. Bak zo vier wafels en laat
ze afkoelen op een afkoelrooster voor je ze verpakt en
meeneemt. Lekker met wat jam!

ALLERGENEN

ZADEN
VIS
INSECTEN
NOTEN
LACTOSE
GLUTEN
EI
SOJA
PINDA

ENERGIEWAARDE

VOEDINGSWAARDE
TOTAAL 500 GRAM: KCAL 972 | VET 29,1 GR | V.VET 6 GR | KOOL-
HYDRATEN 135 GR | EIWIT 37 GR | VEZELS 9,7 GR | NATRIUM 593 MG
PER WAFEL (125 GRAM): KCAL 244 | VET 7 GR | V.VET 1,5 GR |
KOOLHYDRATEN 34 GR | EIWIT 9,3GR | VEZELS 2,4 GR | NATRIUM 148 MG

OVERVOLLE BROODMUFFINS

NA

12 CAKEJES

MAAKTIJD 20 MINUTEN + 30 MINUTEN OVENTIJD

ALLERGENEN

 ZADEN

VIS

INSECTEN

NOTEN

 LACTOSE

GLUTEN

 EI

SOJA

PINDA

INGREDIËNTEN

- **50 gram havermout**
- **50 gram teffmeel**
- **50 gram rijstebloem**
- **50 gram boekweitmeel**
- **50 gram sojameel**
- **1 eetlepel kaneelpoeder**
- **1 zakje bakpoeder**
- **1 zakje gist**
- **20 gram zonnebloempitten**
- **20 gram pompoenpitten**
- **3 eetlepels lijnzaad**
- **½ theelepel mineraalzout**
- **snufje peper uit de molen**
- **3 eieren**
- **150 ml magere kwark**
- **100 ml water**

EETSTIJL	VOEDINGSWAARDE	ENERGIEWAARDE
GLUTENVRIJ		

VOEDINGSWAARDE

TOTAAL 750 GRAM: KCAL 1580 | VET 51 GR | V.VET 11 GR | KOOLHY-DRATEN 170 GR | EIWIT 86 GR | VEZELS 25 GR | NATRIUM 470 MG
PER MUFFIN (65 GRAM): KCAL 132 | VET 4,3 GR | V.VET 0,9 GR | KOOLHYDRATEN 14 GR | EIWIT 7,2 GR | VEZELS 2,1 GR | NATRIUM 39 MG

ENERGIEWAARDE

OVERIG

INVRIESBAAR

 KOOLHYDRATEN ■ VETTEN ■ EIWITTEN

LACTOSEVRIJ

Vervang de kwark door dezelfde hoeveelheid soya-yoghurt.

VARIATIES

• Voor een compacter brood kun je de eieren weglaten of 50 gram kokosolie of boter toevoegen. Zo blijven de ingrediënten meer aan elkaar plakken.
• Wil je juist luchtiger muffins? Meng dan 2 opgeklopte eiwitten door het beslag voor het de oven ingaat.
• Prak een banaan en meng deze door het ei-kwarkmeng-sel voor je het aan de droge ingrediënten toevoegt.
• Voeg wat in stukjes gesne-den gedroogd fruit toe aan het beslag voor het de oven gaat. Bijvoorbeeld 50 gram cranberries of gedroogde abrikozen.
• Maak een hartige variant door 50 gram geraspte kaas (20+) en 2 eetlepels oregano en een theelepel uien- of knoflookpoeder aan het beslag toe te voegen.

WEETJE

Teff bevat gluten, maar het is wel geschikt voor mensen met coeliakie (glutenintole-rantie), aangezien het niet de schadelijke glutenvariant bevat.

Meestal zijn glutenvrije broodjes heel erg droog en kruimelen ze vreselijk. In dit recept zorgen de zaden en kwark ervoor dat de muffins toch lekker smeuïg blijven!

Verwarm de oven voor op 170 °C. Meng alle droge ingrediënten (ook het lijnzaad en de pitten) in een kom. Kluts in een andere kom de eieren los, samen met kwark en het water. Giet langzaam, terwijl je blijft roeren het ei-kwarkmengsel bij de droge ingrediënten.

Vet een muffinvorm in en verdeel het deeg over de 12 vormpjes. Strooi nog wat havermout op de boven-kant en bak de broodmuffins in 30 minuten goud-bruin. Eventueel kun je er ook één groot brood van bakken in een cakevorm. Bak hem dan ongeveer 50 minuten.

Voorkom gebrokkel

Een van de kernmerken van glutenvrije koekjes, cakejes en broden is dat ze al bijna uit elkaar vallen wanneer je ernaar kijkt. Het helpt om bij het bakken bakpapier te gebruiken. Zo voorkom je dat je baksel aan de vorm blijft plakken. Bij muffins kan een velletje op de bodem van de muffinvorm al genoeg zijn.

Glutenvrij bindmiddel

In dit recept gebruiken we (gebroken) lijnzaad om ervoor te zorgen dat je burger goed aan elkaar blijft plakken. Ook bij andere recepten is lijnzaad een goed bindmiddel. Laat daarvoor één deel lijnzaad een half-uur wellen in één deel water en voeg het dan toe aan het te binden recept. Hetzelfde kan met chiazaad

Een ander glutenvrij bindmiddel is psyllium of vlozaad. Deze vezels worden gewonnen uit het schilletje van de zaden van de plant Plantage psyllium. Naast een bindende werking is psyllium ook bevorderend voor de stoelgang. De gemalen vezels worden vaak fiberhusk genoemd.

HARTIGE RIJSTREEP MET SPEK EN UI

TIJDENS
CA. 9 REPEN
MAAKTIJD 20 MINUTEN + 30 MINUTEN RUSTTIJD

INGREDIËNTEN
- **250 gram witte rijst**
- **500 ml water**
- **25 gram magere spekreepjes**
- **40 gram ui**
- **50 gram rozijnen**
- **15 gram pistachenootjes (gebrand en gezouten)**

A
ALLERGENEN

ZADEN
VIS
INSECTEN
 NOTEN
LACTOSE
GLUTEN
EI
SOJA
PINDA

Tijdens lange ritten op de fiets is het prettig om iets hartigs te eten. Deze rijstrepen zijn ideaal! Ze bevatten flink wat koolhydraten en hebben een lekker hartige smaak.

Doe rijst, water en zout in een pan en kook de rijst net iets langer dan op de verpakking staat, zodat hij wat kleverig wordt. Laat de rijst na het koken afkoelen.

Snijd de spekjes klein en bak ze in een kleine koekenpan. Snijd de ui fijn en voeg de stukjes bij de spekjes in de pan. Olie of boter toevoegen is niet nodig; er komt genoeg vet uit de spekjes. Hak ondertussen de rozijnen en pistachenootjes fijn en voeg ze toe aan het mengsel in de pan. Bak nog een paar minuten en haal de pan dan van het vuur.

Schep de inhoud van de koekenpan door de rijst en roer alles goed door elkaar. Schep het in een vierkante bakvorm en druk alles stevig en gelijkmatig aan. Dek af en laat het 30 minuten rusten. Verdeel de inhoud van de bakvorm in 9 repen en verpak ze goed.

EETSTIJL	VOEDINGSWAARDE	ENERGIEWAARDE
GLUTENVRIJ	**TOTAAL 720 GRAM:** KCAL 1251 | VET 19 GR | V.VET 4,7 GR | KOOLHYDRATEN 235 GR | EIWIT 31 GR | VEZELS 8,2 GR | NATRIUM 471 MG	

PER REEP (80 GRAM): KCAL 139 \| VET 2,1 GR \| V.VET 0,5 GR \| KOOLHYDRATEN 26 GR \| EIWIT 3,4 GR \| VEZELS 0,9 GR \| NATRIUM 52 MG

OVERIG

 INVRIESBAAR

■ KOOLHYDRATEN ■ VETTEN ■ EIWITTEN

MIX & MATCHREEPJES

VOOR / TIJDENS / NA
10 MINUTEN

INGREDIËNTEN

Gedroogd fruit zoals:
- **dadel**
- **vijg**
- **abrikoos**
- **pruim**
- **ananas**
- **peer**
- **cranberrie**
- **mango**

Noten (week ze voor gebruik een nacht in water), zoals:
- **pinda**
- **amandel**
- **walnoot**
- **cashewnoot**
- **macademia**

Deze reepjes zijn simpel en snel. Kies een gedroogde fruitsoort en je favoriete noot en neem van beide een gelijke hoeveelheid. Vermaal alles in een keukenmachine of blender, kneed tot een reep en klaar ben je!

ALLERGENEN

ZADEN
VIS
INSECTEN
NOTEN
LACTOSE
GLUTEN
EI
SOJA
PINDA

ENERGIEWAARDE

■■■■■

OVERIG

 INVRIESBAAR

VOEDINGSWAARDE VOORBEELDREEP

TOTAAL 50 GRAM: KCAL 276 | VET 19 GR | V.VET 3 GR | KOOLHYDRATEN 22 GR | EIWIT 3 GR | VEZELS 2 GR | NATRIUM 1 MG

EETSTIJL

☒ LACTOSEVRIJ

▨ GLUTENVRIJ

✤ VEGANISTISCH

■ KOOLHYDRATEN ■ VETTEN ■ EIWITTEN

BANAAN LIJNZAADCRACKERS

NA

6 CRACKERS VOOR 3 PERSONEN
MAAKTIJD 5 MINUTEN + 15 MINUTEN OVENTIJD

INGREDIËNTEN

- **1 rijpe banaan**
- **100 gram (blond) lijnzaad**

ALLERGENEN

 ZADEN

VIS

INSECTEN

NOTEN

LACTOSE

 GLUTEN

EI

SOJA

PINDA

Deze minicrackers zijn lekker snel en makkelijk om te maken. Beleg ze met twee eetlepels magere kwark voor de eiwitten en een eetlepel jam voor de snelle koolhydraten.

Verwarm de oven voor op 165 °C. Prak de banaan tot moes en vermaal de helft van de lijnzaad. Meng zowel de hele als de gebroken lijnzaadjes door de geprakte banaan.

Bekleed een bakplaat met bakpapier. Maak van het mengsel 6 crackers van ongeveer een centimeter dik. Bak ze in ongeveer 15 minuten gaar.

LIJNZAAD

Koop lijnzaad als hele zaden en maal of breek ze pas vlak voor je ze wilt gebruiken. De vetzuren in het lijnzaad kunnen niet tegen (zon)licht en zuurstof. Als het lijnzaad al gebroken is wordt de hoge concentratie Omega-3 ranzig en zal het al oxideren voor je de kans hebt om het te eten. Zonde, want zo heb je niets aan alle positieve eigenschappen. Om diezelfde reden is het beter om lijnzaad niet te verhitten.

EETSTIJL

 LACTOSEVRIJ

 GLUTENVRIJ

VEGANISTISCH

VOEDINGSWAARDE

TOTAAL 560 GRAM: KCAL 1010 | VET 34 GR | V.VET 4,2 GR | KOOLHYDRATEN 101 GR | EIWIT 46 GR | VEZELS 31 GR | NATRIUM 117 MG
PER CRACKER (100 GRAM): KCAL 180 | VET 6,1 GR | V.VET 0,8 GR | KOOLHYDRATEN 18 GR | EIWIT 8,2 GR | VEZELS 5,5 GR | NATRIUM 21 MG

ENERGIEWAARDE

KOOLHYDRATEN ■ VETTEN ■ EIWITTEN

STEVIGE EIERKOEK

VOOR
4 STEVIGE EIERKOEKEN
MAAKTIJD 10 MINUTEN + 10 MINUTEN OVENTIJD

INGREDIËNTEN

- **2 eieren**
- **100 gram patent tarwebloem of speltbloem**
- **½ theelepel bakpoeder**
- **½ theelepel mineraalzout**
- **½ theelepel Italiaanse kruiden**
- **eventueel: klein scheutje (plantaardige) melk**

Deze eierkoeken blijven iets steviger en compacter dan de zoete variant. Heel geschikt als laatste snack een paar uur voor de wedstrijd of training. Lekker met een beetje (knoflook)boter.

Verwarm de oven op 180 °C. Klop de eieren los en voeg bloem, bakpoeder, zout en kruiden toe. Meng tot een stevig iets plakkerig beslag. Wanneer het beslag erg stevig blijft kun je eventueel een klein scheutje (plantaardige) melk toevoegen. Als het beslag te nat, voeg dan wat bloem toe.

Bekleed een bakplaat met bakpapier en verdeel het beslag in vier hoopjes over de bakplaat. Bak de eierkoeken in ongeveer tien minuten goudbruin.

ALLERGENEN

ZADEN
VIS
INSECTEN
NOTEN
LACTOSE
GLUTEN
EI
SOJA
PINDA

ENERGIEWAARDE

VOEDINGSWAARDE
TOTAAL 200 GRAM: KCAL 484 | VET 10,2 GR | V.VET 3,1 GR | EIWIT 24,9 GR | KOOLHYDRATEN 71,2 GR | VEZELS 4 GR | NATRIUM 418 MG
PER HOEK (50 GRAM): KCAL 121 | VET 2,5 GR | V.VET 0,7 GR | EIWIT 6,2 GR | KOOLHYDRATEN 17,8 GR | VEZELS 1 GR | NATRIUM 104 MG

EETSTIJL
☒ LACTOSEVRIJ

OVERIG
 INVRIESBAAR

■ KOOLHYDRATEN ■ VETTEN ■ EIWITTEN

HARTIGE KREKELSTENGELS

NA

8 KREKELSTENGELS
MAAKTIJD 20 MINUTEN + 15 MINUTEN OVENTIJD

ALLERGENEN

 ZADEN

VIS

 INSECTEN

NOTEN

LACTOSE

 GLUTEN

EI

SOJA

PINDA

INGREDIËNTEN

- **4 plakjes bladerdeeg (zonder roomboter!)**
- **2 eidooiers**
- **20 gram gevriesdroogde krekels**
- **40 gram geraspte 20+ kaas**
- **1 eetlepel sesamzaad**
- **1 eetlepel gedroogde (Italiaanse) kruiden**

VOEDINGSWAARDE

TOTAAL 280 GRAM: KCAL 905 | VET 50,5 GR | V.VET 24,1 GR | KOOLHY-
DRATEN 69,3 GR | EIWIT 41,3 GR | VEZELS 1,5 GR | NATRIUM 471 MG
PER STENGEL (35 GRAM): KCAL 113 | VET 6,3 GR | V.VET 3 GR |
KOOLHYDRATEN 8,6 GR | EIWIT 5,2 GR | VEZELS 0,2 GR | NATRIUM 58 MG

ENERGIEWAARDE

■ KOOLHYDRATEN ■ VETTEN ■ EIWITTEN

DUURZAAM

Voor het kweken van insecten
is veel minder landbouw-
grond nodig dan voor vlees.
Ook is de CO_2-uitstoot flink
lager. Het is dus beter voor
het milieu. Insecten hebben
veel minder voer nodig: voor
een kilo rundvlees is drie keer
zoveel voer nodig als voor
een kilo eetbare insecten.
Ook is het vetpercentage
van insecten vaak lager en
gunstiger van samenstelling
(veel onverzadigd vet).

Krekels in je sporthap?! Jazeker! Insecten zijn een
zeer goede bron van eiwitten. Krekels zijn heerlijk
wanneer je ze combineert met iets hartigs, zoals
kaas. Wees gerust, in dit recept vermalen we tot
poeder. Je hoeft ze dus niet heel te eten.

Verwarm de oven voor op 180 °C. Haal de plakjes
bladerdeeg uit de vriezer en laat ze ontdooien. Ze
mogen nog koud aanvoelen als je er mee aan de slag
gaat, maar moeten wel zacht zijn.

Leg twee plakjes bladerdeeg op elkaar en rol ze in de
lengte uit met een deegroller. De plak moet ongeveer
1,5 keer zo lang worden. Herhaal dit met de andere
twee plakjes. Kluts de eidooiers en bestrijk beide deeg-
plakken met twee derde van het ei.

Vermaal de gevriesdroogde krekels in de blender of
keukenmachine tot een grof poeder. Strooi twee derde
van de het krekelpoeder over één van de uitgerolde
plakken bladerdeeg. Strooi hierna alle kaas erover.
Leg de tweede lange plak bladerdeeg er bovenop en
druk stevig aan.

Bestrijk de bovenkant van de plak met de rest van de
eidooier. Garneer de plakken door de helft te bestrooi-
en met de sesamzaadjes of Italiaanse kruiden en het
andere deel met het overgebleven krekelpoeder. Of
maak je eigen garnering!

Leg de plak vijf minuten in de vriezer, zodat hij weer
wat steviger wordt en je er makkelijker repen van kunt
snijden. Snijd de plak in de lengte in vier repen. Snijd
de repen daarna in de breedte doormidden zodat er
acht repen ontstaan. Bekleed een bakplaat met bakpapier. Pak de uiteinden van een reep vast en draai er
voorzichtig een wokkelvorm van. Doe dit met alle repen
en leg ze op de bakplaat. Bak de repen in 15 minuten
goudbruin en krokant.

BALLERINA BARRE

VOOR / TIJDENS
4 REPEN
MAAKTIJD 5 MINUTEN + 15 MINUTEN OVENTIJD

INGREDIËNTEN
- **5 zachte dadels**
- **50 ml warm water**
- **35 gram ongebrande blanke amandelen**
- **10 gram chiazaad**
- **75 gram havermout**
- **50 gram gojibessen**
- **mespuntje mineraalzout**

 ZADEN

 VIS

 INSECTEN

 NOTEN

 LACTOSE

 GLUTEN

 EI

 SOJA

 PINDA

Op lange dansdagen is dit het favoriete tussendoortje van Karin. Ook ideaal om na inspanning te eten met een bakje kwark! Zo heb je gelijk de perfecte post-workout snack te pakken.

Verwarm de oven voor op 170 °C. Ontpit de dadels en pureer ze met het warme water in een kom. Hak de amandelen grof en doe ze bij de gepureerde dadels, samen met alle andere ingrediënten. Meng alles goed door elkaar.

Bekleed een bakplaat met bakpapier. Vorm vier mooie repen van het mengsel en leg deze op de bakplaat. Bak de repen 10 minuten tot de randjes knapperig zijn. Laat ze 5 minuten afkoelen voor je ze inpakt.

CHIAZAAD
Chiazaad komt van de Mexicaanse muntplant Chia. De bloemen van deze plant produceren deze kleine zaadjes die wel tot negen keer hun eigen gewicht in vocht kunnen opnemen.

GOJIBESSEN
Gojibessen groeien aan de boksdoorn of rode mispelstruik. Het zijn helder gekleurde oranje-rode bessen van 1,5 tot 2 cm lang. De bessen kunnen zowel rauw, gedroogd als gekookt worden gegeten en zijn rijk aan vitaminen, mineralen, aminozuren en anti-oxidanten.

EETSTIJL

 LACTOSEVRIJ

 GLUTENVRIJ

🌱 VEGANISTISCH

VOEDINGSWAARDE
TOTAAL 270 GRAM: KCAL 982 | VET 29 GR | V.VET 3 GR | KOOLHYDRATEN 150 GR | EIWIT 29 GR | VEZELS 25 GR | NATRIUM 245 MG
PER REEP (67 GRAM): KCAL 246 | VET 7,2 GR | V.VET 0,8 GR | KOOLHYDRATEN 38 GR | EIWIT 7,3 GR | VEZELS 6,3 GR | NATRIUM 61 MG

ENERGIEWAARDE

OVERIG

 INVRIESBAAR

 KOOLHYDRATEN ■ VETTEN ■ EIWITTEN

KNALGROENE PANNENKOEKJES

NA

8 KLEINE PANNENKOEKEN
MAAKTIJD 20 MINUTEN

INGREDIËNTEN

- **180 gram doperwten (diepvries)**
- **2 eieren**
- **30 ml plantaardige melk**
- **30 gram speltbloem of volkorenmeel**
- **snufje mineraalzout**
- **20 gram geraspte 20+ kaas**

TIP

Deze portie staat gelijk aan een gewone avondmaaltijd of flinke lunch en bevat direct je dagelijkse portie groente! Handig wanneer je na het sporten gelijk een grote maaltijd wilt eten. Je kunt natuurlijk ook een kleinere portie maken om ze als tussendoortje mee te nemen.

Deze hartige pannenkoekjes zitten bomvol eiwitten. Door de doperwten krijgen ze een prachtige knalgroene kleur.

Zet een pan met water op het vuur en breng het water aan de kook. Doe de doperwten bij het kokende water en laat ze 5 minuten koken. Giet de doperwten dan af en laat ze een beetje afkoelen.

Pureer de doperwten in een keukenmachine of blender. Voeg eieren, melk, bloem en zout toe en laat de machine kort draaien tot alles goed is gemengd. Voeg twee derde van de kaas toe en meng het nog een keer kort door. Het beslag mag een beetje lobbig zijn. Is het echt te dik voeg dan nog een klein scheutje melk toe. Te dun? Voeg dan een klein beetje bloem toe.

Verhit een scheutje olijfolie in de koekenpan. Schep drie hoopjes beslag in de pan en bak de pannenkoekjes aan beide kanten groenig goudbruin. Bak dan de volgende drie pannenkoekjes. Bestrooi de warme pannenkoekjes met de resterende kaas.

ALLERGENEN

ZADEN

VIS

INSECTEN

NOTEN

LACTOSE

GLUTEN

EI

SOJA

PINDA

ENERGIEWAARDE

VOEDINGSWAARDE

TOTAAL 360 GRAM: KCAL 461 | VET 12,3 GR | V.VET 4,6 GR | KOOLHYDRATEN 48,2 GR | EIWIT 34,4 GR | VEZELS 9,9 GR | NATRIUM 443 MG
PER PANNENKOEK (45 GRAM): KCAL 58 | VET 1,5 GR | V.VET 0,6 GR | KOOLHYDRATEN 6 GR | EIWIT 4,3 GR | VEZELS 1,2 GR | NATRIUM 55 MG

KOOLHYDRATEN VETTEN EIWITTEN

HOOFDSTUK 5

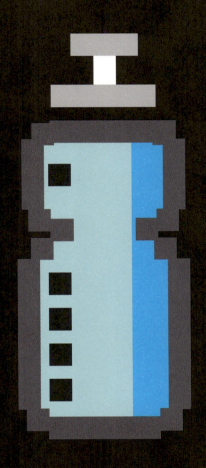

DRINKEN

GOED GEHYDRATATEERD VAN
START GAAN IS HET HALVE WERK

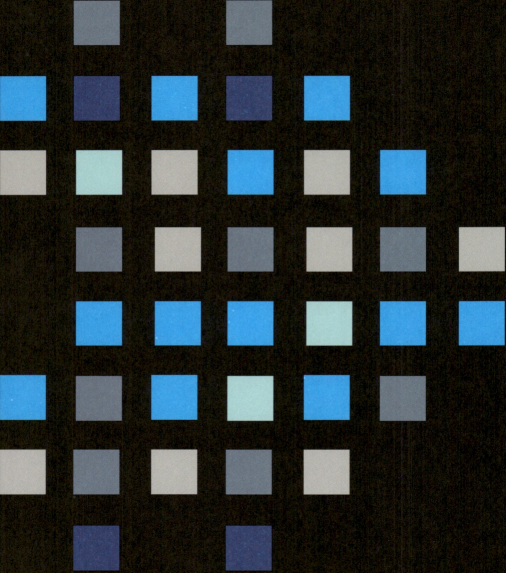

Als je veel vocht verliest heeft dat invloed op je prestaties. Dit is al merkbaar als je twee procent van je lichaamsgewicht aan vocht verliest (zo'n 1,3 liter vochtverlies bij iemand van 65 kilo). De meeste mensen hebben dan nog niet eens dorst! Bij meer dan zes procent vochtverlies ben je uitgedroogd en kun je verder sporten wel vergeten.

Veel mensen drinken te weinig tijdens het sporten, maar te veel drinken kan ook. Elk jaar valt een aantal sporters ten prooi aan watervergiftiging, oftewel hyponatriëmie. Sporters die meer dan drie liter water per uur drinken, zonder daarbij voldoende mineralen binnen te krijgen, kunnen watervergiftiging oplopen. De cellen zwellen op, omdat er te weinig zout en teveel water in je lichaam zit.

Hoeveel je dan wel moet drinken? Dat is afhankelijk van heel wat verschillende factoren: de duur van de training, de omgevingstemperatuur en de fysieke staat waarin je je bevindt. Daarbij verliest lang niet iedereen even veel vocht tijdens het sporten.

> De maag kan per uur iets meer dan 1,5 liter water verwerken. Al kun je je tijdens het sporten beter beperken tot maximaal 1 liter per uur. Drink je meer, dan gaat het vocht klotsen in je maag en kun je misselijk worden.

ZWEETVERLIES

PERCENTAGE VAN HET LICHAAMSGEWICHT	EFFECT OP DE PRESTATIE
1%	Negatief effect op de stofwisseling
2%	Verminderde thermoregulatie Vermindering van duurvermogen
3%	Verregaande afname van duurvermogen
4-6%	Vermindering van kracht Verregaande afname van duurvermogen
>6%	Bij verregaande uitdroging: - Kramp - Uitputting - Bewustzijnsverlies - Coma - Dood

Bron: Van Geel, A. & Hermans, J. (2009)

ZOUT

In zweet verlies je naast vocht ook mineralen (electrolyten), onder meer natrium, kalium en een kleine hoeveelheid calcium. Natrium is een mineraal dat onderdeel uitmaakt van zout en is belangrijk voor het regelen van de vochtbalans in je lichaam. Daarnaast hebben ook spier- en zenuwcellen natrium nodig om goed te kunnen werken. Het wordt dan ook vrijwel altijd toegevoegd aan sport- of hersteldranken. Daarnaast heeft het nog wat voordelen:

*   Het verbetert de smaak van de drank
    (tot een bepaalde hoeveelheid natuurlijk).
*   Het zorgt ervoor dat je dorst blijft houden,
    zodat het je stimuleert meer te drinken.
*   Natrium verhoogt de waterabsorptie in
    de darmen; het vocht wordt beter en sneller
    opgenomen als er natrium aanwezig is.

MINERAALZOUT

In de recepten in dit boek gebruiken we vrijwel altijd mineraalzout in plaats van gewoon keukenzout. Met name bij sport- of hersteldranken beïnvloedt gewoon keukenzout de smaak te veel, waardoor de drank minder (of zelfs helemaal niet meer) lekker is. Bij mineraalzout is een deel van het natrium vervangen door kalium, waardoor de smaak minder heftig is. Kalium is net als natrium nodig voor de zenuwprikkelgeleiding en het regelen van de bloeddruk. Verder is kalium noodzakelijk voor het samentrekken van de spieren.

HOEVEELHEID

De richtlijnen voor sportvoeding adviseren 0,45 tot 0,91 gram natrium per liter vocht, wanneer je langer dan 60 minuten fanatiek sport.

*   **Keukenzout**
    1 gram 0,4 gram natrium
    snufje 0,16 gram natrium
    mespuntje 0,56 gram natrium
    theelepel 0,8 gram natrium
*   **Mineraalzout**
    1 gram 0,13 gram natrium en
    0,35 gram kalium
    snufje 0,05 gram natrium en
    0,13 gram kalium
    mespuntje 0,18 gram natrium en
    0,48 gram kalium
    theelepel 0,26 gram natrium en
    0,7 gram kalium

Als je langer dan een uur zweet (en dus zout verliest) dan heb je in een bidon van 500 ml genoeg aan een mespuntje keukenzout. Als je er een SPORTable bij eet waar ook natrium in zit, dan heb je aan een mespunt mineraalzout voldoende.

Rekenen met zout in sportrecepten
* 1 snufje is de hoeveelheid die je tussen duim en wijsvinger kunt houden (0,4 gram)
* 1 mespuntje is ongeveer 1,4 gram (3 tot 4 snufjes)
* 1 theelepel zout is 2 gram.

HYPOTOON, ISOTOON EN HYPERTOON

(Sport)dranken kunnen hypotoon, isotoon of hypertoon zijn. Dit heeft voor een groot deel te maken met de osmotische druk: de concentratie deeltjes in de drank (zoals bijvoorbeeld de suikers en zouten) ten opzichte van de vloeistof tussen de cellen in het menselijk lichaam. Een hypotone drank heeft een lagere osmotische druk dan het vocht in een lichaam, hypertoon is hoger, en in een isotone drank is de druk precies gelijk aan die in het lichaam.

Drink je iets met een hoge osmotische druk (hypertone drank), dan stroomt er water vanuit de bloedbaan en (darm)cellen naar de darmen en de maag. Een hypertone drank onttrekt in feite vocht aan het lichaam, voordat het volledig kan worden opgenomen. Hierdoor krijg je weer dorst.

Een isotone drank heeft dezelfde osmotische druk als de vloeistof tussen de cellen in het lichaam. Er hoeft dus geen water in de maag aan toegevoegd te worden voordat het vocht kan worden opgenomen. Een ideale verhouding tussen 'zoveel mogelijk suikers opnemen' en tegelijkertijd 'de vochthuishouding op peil houden'. Daarom zijn sportdranken vaak isotoon.

WEETJE
Gemiddeld hebben mensen 1 à 2 gram zout per dag nodig, met een maximum van 6 gram zout (2,4 gram natrium) per dag. Gemiddeld krijgt meer dan 85 procent van de mensen veel meer zout binnen: volwassen mannen eten gemiddeld 9,9 gram zout per dag en vrouwen 7,5 gram.

TIP
Je hoeft niet altijd een speciale drank bij de hand te hebben die iso- hypo- of hypertoon is. Bij korte trainingen is een flesje water prima.

HYPOTOON: minder dan 4 gram koolhydraten per 100 ml. Een hypotone drank is handig wanneer het erg warm weer is en je in verhouding iets meer water dan suikers nodig hebt. Hier staat 'zo snel mogelijk vocht opnemen' dus voorop. Suikers neem je er wat minder snel mee op.

ISOTOON: 4 tot 8 gram koolhydraten per 100 ml. Een isotone drank wordt relatief eenvoudig opgenomen door je lichaam. Dit komt omdat hij het meest op de vloeistoffen in je lichaam lijkt. Dit is handig wanneer je aan het sporten bent. Alle stoffen die je op dat moment nodig hebt vinden supersnel hun weg in je lichaam. Met isotoon bereik je zowel 'zo snel mogelijk suikers opnemen' en 'zo snel mogelijk vocht opnemen'.

HYPERTOON: meer dan 8 gram koolhydraten per 100 ml. Een hypertone drank is vooral geschikt wanneer je in korte tijd veel suikers en mineralen nodig hebt. Deze kun je het beste voor of na het sporten nemen. Tijdens het sporten heeft je maag teveel moeite met die berg koolhydraten in één keer en kun je misselijk worden. Hier bereik je dus alleen 'zo snel mogelijk suikers opnemen'. De vochthuishouding breng je er niet mee op peil. Integendeel. Tijdens sporten in warm weer kun je de hypertone drank dus beter vermijden.

Isotoon:
optimum in 'vocht op peil' en 'snel suikers opnemen'
Hypertoon:
'snel suikers opnemen', bemoeilijkt vochtopname
Hypotoon:
'snelste vochtopname'

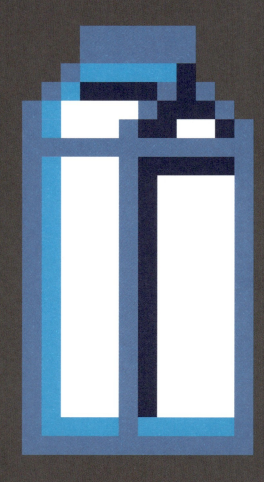

TIP
Teveel drinken voor de inspanning kan ook. Je zult niet direct een watervergiftiging oplopen maar het zorgt er wel voor dat je tijdens het sporten meer tijd op de wc doorbrengt dan je lief is.

In de voorgaande hoofdstukken hebben we al kort aangegeven hoeveel je ongeveer moet drinken voor, tijdens en na het sporten. Hier een handig overzicht met extra informatie speciaal over vocht.

VOOR

- Minimaal 300 tot 600 ml 2 tot 4 uur voor de inspanning.
- Eventueel 150 tot 250 ml 15 tot 30 minuten vooraf.
- Soort drank: water, SPORTable hypertoon of hypotone drank.

TIJDENS
KORTER DAN 30 MINUTEN: EXTRA DRINKEN NIET NODIG

Drinken bij een korte inspanning zal niet direct een positieve invloed op je prestatie hebben. Dit komt doordat vocht langer dan 30 minuten nodig heeft om door je lichaam verwerkt en gebruikt te worden. Het kan wel helpen om geen droge keel te krijgen. Dat sport doorgaans een stuk fijner. Maak het niet te gek. Een paar slokken water is meer dan genoeg.

30 TOT 60 MINUTEN: BEGIN OP TIJD MET DRINKEN

- 150 tot 350 ml per 15 minuten.
- Soort drank: water of isotone drank.
- Koolhydraten: 30 tot 60 gram per uur.
- Bij korte inspanningen 30 gram. Hoe langer de inspanning hoe meer koolhydraten.

Begin op tijd met drinken. In elk geval na 30 minuten, ook al heb je dan misschien nog geen dorst. Vocht heeft namelijk even de tijd nodig om opgenomen te worden. Het is beter om elk kwartier een paar flinke slokken te nemen dan één keer per uur een hele bidon. Je maag vindt het een stuk prettiger om continue een beetje gevuld te zijn. Dit kan een hoop misselijkheid en kramp voorkomen!

	30 G/H	40 G/H	50 G/H	60 G/H
2%	1500 ml	2000 ml	2500 ml	3000 ml
4%	750	1000	1250	1500
6%	500	667	833	1000
8%	375	500	625	750
10%	300	400	300	600
15%	200	267	333	400
20%	150	200	250	300
25%	120	160	200	240
50%	60	80	100	120

**CONCENTRATIE KOOLYDRATEN IN DRINKEN
PER GRAM PER 100 ML**

DIT IS TEVEEL! MEER DAN 1250 ML PER UUR

JUISTE HOEVEELHEID VOCHT EN KOOLBHYDRATEN PER UUR
600 TOT 1250 ML PER UUR - ISOTONE DRANK

DIT IS TE WEINIG! MINDER DAN 600 ML PER UUR

Bron: McArdle, W.D., Katch, F.I, Katch, V.L. (2012). Sports and Excercise nutrition

Hoeveel je van tevoren moet drinken varieert per sport. Kijk voor precieze hoeveelheden op bladzijde 34 (duursport), bladzijde 60 (krachtsport) of bladzijde 86 (teamsport).

1 UUR OF LANGER)
HOUD WATER- EN ENERGIEVOORRAAD OP PEIL!

- 150 tot 350 ml per 15 minuten.
- Soort drank: Water (in combinatie met andere koolhydraatbron) of een isotone drank.
- Bij warm weer en hoge luchtvochtigheid eventueel een hypotone drank.
- Koolhydraten: 60 tot 90 gram per uur.

Hoe langer je aan het sporten bent hoe belangrijker het is om goed te drinken. Zeker met warm en vochtig weer verlies je al snel veel vocht. Helemaal als je lang sport (bijvoorbeeld een stevige fietsrit van drie uur) kun je wel vijf liter vocht verliezen. Per uur moet je dan echt minimaal een liter drinken, oftewel 250 ml per kwartier.

Sport je langer dan een uur, dan is alleen water drinken echt niet meer voldoende. Het aanvullen van koolhydraten en zouten is dan minstens zo belangrijk. Je kunt de SPORT-able repen slim combineren met drankjes om zo aan je koolhydraten, mineralen én vocht te komen. Geen zin in zoete plakkerige drankjes? Pak dan de infused waters samen met een lekkere reep!

NA

- Vochtverlies in liters + hoeveelheid drinken x 1,5 = xx liter vocht aanvullen.
- Water, hypotoon of hypertone drank.
- Afhankelijk van hoeveel vocht je hebt verloren en hoeveel koolhydraten je aan moet vullen.

HOEVEEL VOCHT VERLIES JE?

De 'sweat rate' calculatie is een vrij nauwkeurige methode (zie bladzijde 194). Hiermee bereken je door middel van lichaamsgewicht en hoeveelheid die je hebt gedronken, hoeveel vocht je aan moet vullen. Vergeet niet dat je altijd je vochtverlies x 1,5 bij moet drinken. Je zweet namelijk nog wat na en ook toiletbezoeken vlak na het sporten tellen mee.

Heb je geen weegschaal bij de hand? Kijk naar de kleur van je urine. Is het licht? Dan gaat het goed en ben je voldoende gehydrateerd. Is de kleur donkergeel of zelf wat roestkleurig? Dan is het hoogt tijd om flink bij te tanken.

TIP
Als je niet langer dan een uurtje gaat sporten
dan is alleen water een prima optie. Zin
in een lekker smaakje zonder extra (veel)
suikers? Kijk dan eens bij de infused waters
vanaf bladzijde 129.

DRANKEN

DORSTLESSERS

Vaak isotone dranken die de vochthuishouding reguleren en herstellen.
Gemiddeld bevatten ze 40 tot 80 gram koolhydraten per liter.

ENERGYDRINK, ENERGIE- OF KOOLHYDRAATRIJKE DRANKEN

Vaak hypertone dranken die de energievoorraad aanvullen. Het lichaam is in
staat om tijdens inspanning 1 gr koolhydraten per kilogram lichaamsgewicht
op te nemen per uur. Meer dan deze hoeveelheid innemen heeft dus geen zin.
Daarbij onttrekt het vocht uit de bloedbaan. Combineer het innemen van koolhydraatrijke dranken dus altijd met een dorstlesser. Gemiddeld bevatten deze
dranken 80 tot 150 gram koolhydraten per liter.

HERSTELDRANKEN

Meestal hypertoon en/of eiwitrijk om spierschade te herstellen en de energievoorraad aan te vullen. Hersteldranken richten zich op het aanvullen van
de glycogeen voorraden, het aanvullen van vocht en het herstellen van spierschade. Deze dranken worden met name gebruikt door sporters of atleten die
meerdere keren per dag trainen, na zeer zware trainingen en als een maaltijd
niet binnen het eerste uur na de training voorhanden is. Neem deze drank bij
voorkeur binnen 30 min na de training.

EIWIT KARNESHAKE
HYPERTOON

VOOR / NA
470 ML
MAAKTIJD 5 MINUTEN

INGREDIËNTEN
- **25 gram (whey) eiwitpoeder vanille (1 scoop)**
- **200 gram witte druiven**
- **sap van halve limoen**
- **200 ml karnemelk**
- **6 ijsklontjes**
- **snufje zout**

ALLERGENEN

ZADEN

VIS

INSECTEN

NOTEN

LACTOSE

GLUTEN

EI

SOJA

PINDA

Door de koude friszure karnemelk en het zoet van de druiven is dit een echte opfrisser na het sporten!

Doe alle ingrediënten in een keukenmachine of blender en meng alles tot een gladde shake.

TIP
Wil je herstellen tijdens je nachtrust? Kies dan voor caseïne eiwitpoeder in plaats van whey eiwitpoeder en drink deze drank een uur voor het slapen gaan. In caseïne eiwitpoeders zitten trage eiwitten, waardoor je lichaam en spieren in alle rust optimaal kunnen herstellen, terwijl jij slaapt.

EETSTIJL
 GLUTENVRIJ

VOEDINGSWAARDE
TOTAAL 460 GRAM: KCAL 317 | VET 2,4 GR | V.VET 1,4 GR | KOOLHYDRATEN 44 GR | EIWIT 26 GR | VEZELS 3,1 GR | NATRIUM 231 MG | WATER 400 GR
PER 100 GRAM: KCAL 69 | VET 0,5 GR | V.VET 0,3 GR | KOOLHYDRATEN 9,6 GR | EIWIT 5,6 GR | VEZELS 0,7 GR | NATRIUM 50 MG | WATER 87 GR

ENERGIEWAARDE

■ KOOLHYDRATEN ■ VETTEN ■ EIWITTEN

PURPLE GAIN
HYPERTOON

NA
250 ML
MAAKTIJD 5 MINUTEN

INGREDIËNTEN
- **1 banaan**
- **100 gram bevroren blauwe bessen**
- **½ theelepel gedroogde lavendel**
- **200 ml amandelmelk**
- **25 gram (whey) eiwitpoeder vanille of naturel (1 scoop)**
- **50 ml water**
- **snufje zout**

VARIATIE
Vervang de amandelmelk door een andere melk naar keuze.

Gebruik magere chocomelk in plaats van melk en vervang de bessen door aardbei.

LAVENDEL
Lavendel kun je prima eten! Het staat bekend om de kalmerende, ontspannende en harmoniserende werking. Daarnaast werkt het krampwerend voor je maag en darmen, wekt het je eetlust op en bevordert het je spijsvertering.

Lavendel in je smoothie?! Probeer het maar eens. Let wel op dat je niet teveel toevoegt, dan gaat de smaak overheersen en wordt je smoothie bitter.

Doe alle ingrediënten in een keukenmachine of blender en meng alles tot een gladde shake.

ZADEN
VIS
INSECTEN
NOTEN
LACTOSE
GLUTEN
EI
SOJA
PINDA

ENERGIEWAARDE

VOEDINGSWAARDE
PER 450 GRAM: KCAL 300 | VET 3,8 GR | V.VET 1,1GR | KOOLHYDRATEN 40 GR | EIWIT 22 GR | VEZELS 5,2 GR | NATRIUM 158 MG | WATER 250 GR
PER 100 GRAM: KCAL 67 | VET 0,8 GR | V.VET 0,2 GR | KOOLHYDRATEN 9 GR | EIWIT 4,9 GR | VEZELS 1,2 GR | NATRIUM 35 MG | WATER 55 GR

EETSTIJL
 GLUTENVRIJ

KOOLHYDRATEN VETTEN EIWITTEN

PUMPKINSPICE EIWITSHAKE
HYPERTOON

NA
450 ML
MAAKTIJD 5 MINUTEN

INGREDIËNTEN

- **50 gram pompoen**
- **200 ml magere melk**
- **25 gram vanille whey eiwit-poeder (1 scoop)**
- **5 zachte dadels (40 gram)**

- **½ theelepel kaneel**
- **½ theelepel nootmuskaat**
- **mespuntje kruidnagel**
- **5 ijsblokjes**
- **snufje zout**

ALLERGENEN

 ZADEN

 VIS

INSECTEN

NOTEN

LACTOSE

 GLUTEN

EI

SOJA

 PINDA

Een verrassende shake, waarbij je meteen een portie groente binnenkrijgt.

Verwarm de oven voor op 185 °C. Verwijder de pitten van de pompoen, snijd hem in stukken en rooster hem ongeveer 15 minuten in de oven, tot hij zacht is.

Koken kan ook: verwijder dan ook de schil, snijd in kleine blokjes en kook deze in 5 tot 7 minuten zacht. Heb je geen tijd? Je kunt ook kant-en-klare pompoenpuree kopen in pot of blik.

Laat de pompoen afkoelen, doe alle ingrediënten in een keukenmachine of blender en meng alles tot een gladde shake.

EETSTIJL

 GLUTENVRIJ

VOEDINGSWAARDE

TOTAAL 340 GRAM: KCAL 294 | VET 2 GR | V.VET 1,3 GR | KOOLHYDRATEN 43 GR | EIWIT 29 GR | VEZELS 4 GR | NATRIUM 246 MG | WATER 290 GR

PER 100 GRAM: KCAL 86 | VET 0,6 GR | V.VET 0,4 GR | KOOLHYDRATEN 13 GR | EIWIT 9 GR | VEZELS 1,2 GR | NATRIUM 72 MG | WATER 85 GR

ENERGIEWAARDE

■ KOOLHYDRATEN ■ VETTEN ■ EIWITTEN

HULKPOWER
HYPERTOON

450 ML
MAAKTIJD 5 MINUTEN

INGREDIËNTEN

- **halve rijpe avocado**
- **100 gram verse spinazie**
- **1 blaadje salie**
- **1 theelepel tarwegras**
- **1 theelepel spirulina**
- **klein blikje ananas op sap**
- **½ venkel**
- **4 zachte dadels, ontpit**
- **5 ijsblokjes**
- **snufje zout**

TARWEGRAS

Tarwegras bestaat uit de jonge scheuten van tarwe. Door tarwekorrels te laten ontkiemen en daarna te laten groeien in aarde, onstaan plantjes die gelijkenis vertonen met grassprieten.

SPIRULINA

Spirulina is een groen poeder, dat afkomstis is van de blauwgroene zoutwateralg. Het is populair als voedingssuplement ter bevordering van de gezondheid.

Deze groene smoothie is goed voor iedereen! Perfect als tussendoortje op een drukke sjeesdag.

Doe alle ingrediënten in een keukenmachine of blender en meng tot een gladde shake. Versier de bovenkant eventueel nog met wat vermalen gedroogde ananas.

ZADEN
VIS
INSECTEN
NOTEN
LACTOSE
GLUTEN
EI
SOJA
PINDA

ENERGIEWAARDE

VOEDINGSWAARDE

PER 450 GRAM: KCAL 470 | VET 19 GR | V.VET 2,3 GR | KOOLHYDRATEN 56 GR | EIWIT 12 GR | VEZELS 14 GR | NATRIUM 182 MG | WATER 413 GR
PER 100 GRAM: KCAL 104 | VET 4,2 GR | V.VET 0,5 GR | KOOLHYDRATEN 12 GR | EIWIT 2.7 GR | VEZELS 3,1 GR | NATRIUM 40 MG | WATER 92 GR

EETSTIJL

 GLUTENVRIJ

 LACTOSEVRIJ

 VEGANISTISCH

KOOLHYDRATEN VETTEN EIWITTEN

OOSTERSE HERSTELSHAKE
HYPERTOON

NA
450 ML
MAAKTIJD 5 MINUTEN

INGREDIËNTEN
- ½ appel zonder schil (60 gram)
- ½ peer zonder schil (70 gram)
- 4 vijgen
- 250 ml magere melk
- 25 gram (whey) eiwitpoeder vanille (1 scoop)
- 1 theelepel kaneel
- mespuntje kardemom
- snufje zout

ALLERGENEN

ZADEN

VIS

INSECTEN

NOTEN

LACTOSE

GLUTEN

EI

SOJA

PINDA

Wie denkt dat kardemom alleen lekker is in de koffie of in spekkoek, die heeft het mis! Deze shake krijgt dankzij dit specerij een heerlijk kruidige smaak.

Doe alle ingrediënten in een keukenmachine of blender en meng tot een gladde shake.

KARDEMOM
Kardemom is familie van gember en heeft een zoete, scherpe geur.

EETSTIJL		
GLUTENVRIJ		

VOEDINGSWAARDE

TOTAAL 450 GRAM: KCAL 473 | VET 2,5 GR | V.VET 1,1 GR | KOOLHYDRATEN 75 GR | EIWIT 32 GR | VEZELS 11 GR | NATRIUM 277 MG | WATER 357 GR

PER 100 GRAM: KCAL 100 VET 0,5 GR | V.VET 0,2 GR | | KOOLHYDRATEN 16 GR | EIWIT 6,7 GR | VEZELS 2,3 GR | NATRIUM 58 MG | WATER 75 GR

ENERGIEWAARDE

■ KOOLHYDRATEN ■ VETTEN ■ EIWITTEN

AARDBEIEN CHOCOSHAKE
HYPERTOON

425 ML
MAAKTIJD 5 MINUTEN

INGREDIËNTEN

- **100 gram aardbeien**
- **2 eetlepels cacaopoeder**
- **250 ml rijstmelk (+ calcium)**
- **2 eetlepels gebroken lijnzaad**
- **1 eetlepel macapoeder**
- **3 paranoten (ongebrand)**
- **5 ijsklontjes**

TIP

Wil je je drank isotoon maken? Voeg dan water toe aan het recept! Met 100 ml water erbij heeft deze shake 7,5 koolhydraten per 100 ml (je drank is isotoon bij een hoeveelheid van 4 tot 8 gram koolhydraten per 100 ml).

MACA

Maca is een knolgewas dat op grote hoogte groeit in de Peruaanse Andes. Het is familie van brocoli, bloemkool en radijs. De smaak is zoet en lijkt wat op die van een zoete aardappel. In westerse landen is maca voornamelijk verkrijgbaar als poeder.

Een gezonde lekkere smoothie, met een klassieke smaakmix: aardbeien & chocola. Wie lust dat niet? Koolhydraat- en vezelrijk voor tijdens de middagdip! Zo ben je er zo weer helemaal bij.

Doe alle ingrediënten in een keukenmachine of blender en meng tot een gladde shake. Versier de bovenkant eventueel nog met wat vermalen gedroogde ananas.

Toppings voor je smoothie

Smoothies zien er extra feestelijk uit als je ze garneert met allerlei lekkere toppings. Bijvoorbeeld:

- een paar verse (ontdooide) blauwe bessen, beetje geraspte citroenschil en een drupje rijststroop
- rauwe) cacaonibs met wat amandelschaafsel en honing
- hennepzaad en bijenpollen
- gojibessen en pompoenpitten
- zelfgemaakte granola
- gedroogde munt en aardbei
- vers fruit

ALLERGENEN

ZADEN

VIS

INSECTEN

NOTEN

LACTOSE

GLUTEN

EI

SOJA

PINDA

ENERGIEWAARDE

VOEDINGSWAARDE

TOTAAL 425 GRAM: KCAL 349 | VET 16,1 GR | V.VET 3,9 GR | KOOLHYDRATEN 36 GR | EIWIT 6 GR | VEZELS 12 GR | NATRIUM 23 MG | WATER 144 GR

PER 100 GRAM: KCAL 93 | VET 4,3 GR | V.VET 1,04 GR | KOOLHYDRATEN 10 GR | EIWIT 1,6 GR | VEZELS 3,2 GR | NATRIUM 6 MG | WATER 38 GR

EETSTIJL

 GLUTENVRIJ

 LACTOSEVRIJ

 VEGANISTISCH

■ KOOLHYDRATEN ■ VETTEN ■ EIWITTEN

BEET IT!
HYPERTOON / ISOTOON

VOOR / DUURSPORT
550 ML
MAAKTIJD 5 MINUTEN

INGREDIËNTEN
- **450 ml bietensap (puur ongezoet)**
- **2 eetlepels roosvicee ferro**
- **100 ml water**

ZADEN

VIS

INSECTEN

NOTEN

LACTOSE

GLUTEN

EI

SOJA

PINDA

Dit drankje verlaagt je zuurstofgebruik, maar verbetert je uithoudingsvermogen en resultaten.

Meng de ingrediënten in je bidon en schud goed. Neem deze drank twee tot vier uur voor inspanning, samen met een koolhydraatrijke SPORTable.

TIP
Meer over bietensap als supplement lees je op bladzijde 226.

EETSTIJL

 GLUTENVRIJ

LACTOSEVRIJ

VEGANISTISCH

VOEDINGSWAARDE
TOTAAL 550 GRAM: KCAL 220 | VET 0 GR | V.VET 0 GR | KOOLHYDRATEN 51 GR | EIWIT 4,1 GR | VEZELS 0,1 GR | NATRIUM 85 MG | WATER 520 GR
PER 100 GRAM: KCAL 40 | VET 0 GR | V.VET 0 GR | KOOLHYDRATEN 8,8 GR | EIWIT 0,7 GR | VEZELS 0 GR | NATRIUM 15 MG | WATER 92 GR

ENERGIEWAARDE

■ KOOLHYDRATEN ■ VETTEN ■ EIWITTEN

HERSTELDRANK
ISOTOON

NA
1000 ML
MAAKTIJD 5 MINUTEN

INGREDIËNTEN
- **500 ml kokoswater**
- **250 ml water**
- **150 gram magere kwark**
- **100 gram kersen**
- **10 gram whey eiwitpoeder**
- **2 eetlepels honing**
- **1 eetlepel citroensap**
- **mespuntje mineraalzout**

TIP
Het kan heel lastig zijn om direct na inspanning een hele liter te drinken. Het helpt als het al klaarstaat tijdens het sporten zodat je er direct daarna van kunt drinken. Sla het niet in een keer achterover, maar neem steeds een aantal slokken. Dan is het makkelijk om uiteindelijk de hele fles leeg te drinken.

De perfecte 4-in-1 hersteldrank na duurinspanning! Deze drank vult verloren vocht aan, bevat essentiële vitaminen en mineralen en zorgt ook voor de juiste snelle koolhydraten. Zo krijg je je energie weer op peil. En als klap op de vuurpeil bevat dit drankje zelfs eiwitten voor optimaal spierherstel.

Ontpit de kersen en doe alle ingrediënten in een keukenmachine of blender. Meng tot een gladde shake.

ALLERGENEN

ZADEN

VIS

INSECTEN

NOTEN

LACTOSE

GLUTEN

EI

SOJA

PINDA

ENERGIEWAARDE

VOEDINGSWAARDE

TOTAAL 1050 GRAM: KCAL 416 | VET 1,3 GR | V.VET 0,7 GR | KOOLHYDRATEN 77 GR | EIWIT 24,5 GR | VEZELS 1 GR | NATRIUM 246 MG | WATER 1000 GR

PER 100 GRAM: KCAL 40 | VET 0,1 GR | V.VET 0 GR | KOOLHYDRATEN 7 GR | EIWIT 2,3 GR | VEZELS 0 GR | NATRIUM 23 MG | WATER 95 GR

EETSTIJL

 GLUTENVRIJ

■ KOOLHYDRATEN ■ VETTEN ■ EIWITTEN

MAAK JE EIGEN PLANTAARDIGE MELK

Plantaardige melk kun je tegenwoordig in bijna alle supermarkten kopen. Helaas zit daar vaak maar tussen de drie en vijftien procent haver, amandel, rijst of hazelnoot in. Ook zijn er bij veel merken geraffineerde suikers en andere niet-meer-zo-natuurlijke ingrediënten aan toegevoegd.

Gelukkig is het heel makkelijk om deze 'melk' zelf te maken. In dit recept gebruiken we havermout, maar het kan zeker ook met speltvlokken, amandelen, hazelnoten, cashewnoten, walnoten of een combinatie daarvan.

De fijngemalen notendeeltjes en schilletjes die achterblijven in de doek kun je gebruiken om de burgers van bladzijde 72 te maken.

HAVERMELK

1000 ML
MAAKTIJD 10 MINUTEN + NACHT WEEKTIJD

INGREDIËNTEN

- **150 gram havermout**
- **1 liter water**
- **4 zachte dadels**
- **1 theelepel kaneel**
- **snufje mineraalzout**

TIP
Havermout is vrij van gluten, maar wordt vaak verwerkt op glutenrijke plekken. Ben je allergisch voor gluten, kies dan voor havermout met een glutenvrij garantie (zie etiket).

Doe de havermout met flink wat water in een (weck)pot en laat de vlokken een nacht weken.

Giet de inhoud van de pot de volgende ochtend in een zeef en laat goed uitlekken. Doe de geweekte havermout in een keukenmachine of blender en voeg 1 liter water, de ontpitte dadels en kaneel toe. Meng dit door elkaar tot je een egaal mengsel hebt.

Leg een kaasdoek of schone theedoek in een zeef en hang deze boven een flinke kom. Schenk het mengsel uit de keukenmachine beetje voor beetje in de doek en vang de 'melk' op in de kom. Vouw de punten van de doek naar elkaar toe en knijp al het vocht uit de gemalen havermout. Giet de havermelk in een fles en bewaar deze (maximaal 5 dagen) in de koelkast.

ZADEN
VIS
INSECTEN
NOTEN
LACTOSE
GLUTEN
EI
SOJA
PINDA

ENERGIEWAARDE

VOEDINGSWAARDE
TOTAAL 1200 GRAM: KCAL 664 | VET 11,3 GR | V.VET 2 GR | KOOLHYDRATEN 115 GR | EIWIT 19 GR | VEZELS 16 GR | NATRIUM 101 MG | WATER 1025 GR
PER 100 GRAM: KCAL 55 | VET 0,9 GR | V.VET 0,2 GR | KOOLHYDRATEN 9,6 GR | EIWIT 1,6 GR | VEZELS 1,3 GR | NATRIUM 8,4 MG | WATER 85 GR

EETSTIJL
 GLUTENVRIJ
LACTOSEVRIJ
 VEGANISTISCH

■ KOOLHYDRATEN ■ VETTEN ■ EIWITTEN

NOTENMELK

500 ML
MAAKTIJD 15 MINUTEN + NACHT WEEKTIJD

INGREDIËNTEN
- **75 gram ongebrande noten**
- **theelepel citroensap (of appelazijn) voor het weken**
- **500 ml water**
- **1 zachte dadel**
- **snufje mineraalzout**

ZADEN

VIS

INSECTEN

NOTEN

LACTOSE

GLUTEN

EI

SOJA

PINDA

Doe de noten in een schaal, voeg citroensap toe en giet zoveel water in de kom dat alle noten onder water staan. Dek de kom af en laat de noten een nacht (ongeveer 8 uur) lang weken.

Giet de noten af en doe ze in een keukenmachine of blender. Voeg 500 ml water, de ontpitte dadel en zout toe en meng goed.

Maak een kaasdoek of schone theedoek nat en leg deze in een zeef. Hang deze boven een flinke kom. Schenk het mengsel uit de keukenmachine in de doek en vang de 'melk' op in de kom. Vouw de punten van de doek naar elkaar toe en knijp al het vocht uit de gemalen noten. Giet de notenmelk over in een fles en bewaar deze (maximaal 5 dagen) in de koelkast.

VARIATIES
- Voeg voor chocolademelk 2 eetlepels cacaopoeder toe aan het recept
- Snijd voor vanillemelk een vanillestokje overlangs door. Schraap met merg uit het stokje en voeg dit toe aan de melk.
- Voeg voor kaneelmelk 1 eetlepel kaneel toe aan het recept.
- Maak mokkamelk door 1 eetlepel cacaopoeder en 1 eetlepel espressopoeder aan het recept toe te voegen.
- Meng 25 gram (whey) eiwit poeder door de melk om er een herstelshake van te maken.

EETSTIJL
 GLUTENVRIJ

LACTOSEVRIJ

VEGANISTISCH

VOEDINGSWAARDE
TOTAAL 580 GRAM: KCAL 474 | VET 43 GR | V.VET 4,9 GR | KOOLHY-DRATEN 21 GR | EIWIT 14 GR | VEZELS 0,5 GR | NATRIUM 164 MG | WATER 505 GR
PER 100 GRAM: KCAL 82 | VET 7,4 GR | V.VET 0,8 GR | KOOLHYDRATEN 3,6 GR | EIWIT 2,4 GR | VEZELS 0,1 GR | NATRIUM 28 MG | WATER 87 GR

ENERGIEWAARDE

■ KOOLHYDRATEN ■ VETTEN ■ EIWITTEN

ROZEMARIJN SINAASAPPEL-WATER HYPOTOON

500 ML
MAAKTIJD 5 MINUTEN

INGREDIËNTEN

- **1 sinaasappel**
- **1 takje rozemarijn**
- **mespuntje zout (alleen als je vermoedt dat je veel zult zweten)**
- **½ liter water**

TIP

In plaats van water kun je ook afgekoelde kamillethee gebruiken.

WEETJE

Rozemarijn ondersteunt je bloedsomloop, helpt bij gewrichtspijnen en heeft een opwekkende invloed.

Infused sportwater is een ideale drank voor onderweg of tijdens een lange trainingsdag. Het is ontzettend belangrijk om voldoende te blijven drinken. Door een smaakmaker aan je water toe te voegen geeft het nét die extra stimulans een slok te nemen. Ben je van plan langer dan een uur intensief te gaan sporten? Voeg dan wat extra koolhydraten toe, zoals wat versgeperst vruchtensap, een eetlepel suiker of wat siroop of honing.

Halveer de sinaasappel en snijd er 3 dunne schijfjes af. Stop de schijfjes in een flesje met ongeveer ½ liter inhoud. Pers de rest van de sinaasappel uit en giet het sap in het flesje.

Duw met je nagel voorzichtig in de naaldjes van de rozemarijn, zodat het aroma vrij komt. Doe het takje bij de sinaasappel in het flesje.

Voeg eventueel wat zout toe en vul de rest van het flesje met water.

 ALLERGENEN

ZADEN

VIS

INSECTEN

NOTEN

LACTOSE

GLUTEN

EI

SOJA

PINDA

ENERGIEWAARDE

VOEDINGSWAARDE

TOTAAL 500 GRAM: KCAL 51 | VET 0,6 GR | V.VET 0,3 GR | KOOLHYDRATEN 10 GR | EIWIT 1 GR | VEZELS 1,6 GR | NATRIUM 556 MG | WATER 566 GR

PER 100 GRAM: KCAL 9 | VET 0,1 GR | V.VET 0 GR | KOOLHYDRATEN 2 GR | EIWIT 0 GR | VEZELS 0,3 GR | NATRIUM 101 MG | WATER 99 GR

EETSTIJL

 GLUTENVRIJ

 LACTOSEVRIJ

 VEGANISTISCH

■ KOOLHYDRATEN ■ VETTEN ■ EIWITTEN

129

GEMBER LIMOEN HONINGWATER
HYPOTOON

500 ML
MAAKTIJD 5 MINUTEN

INGREDIËNTEN
- **stukje gember (ongeveer 15 gram)**
- **1 limoen**
- **2 eetlepels honing**
- **mespuntje zout (alleen als je vermoedt dat je veel zult zweten)**
- **½ liter water**

ALLERGENEN

 ZADEN

VIS

INSECTEN

NOTEN

LACTOSE

 GLUTEN

EI

SOJA

PINDA

Schil de gember en pers hem met een knoflookpers uit boven een bakje. Giet het vrijgekomen sap in een flesje met ongeveer ½ liter inhoud. Het is maar een heel klein beetje gembersap, maar de smaak is sterk.

Halveer de limoen en snijd er 3 schijfjes af. Stop deze in het flesje. Pers de rest van de limoen uit en giet ook dit in het flesje.

Voeg honing en eventueel zout toe en vul de rest van het flesje met water. Schud even goed en je sportwater is klaar.

VARIATIE
Voeg voor een isotone drank koolhydraten toe.

EETSTIJL

 GLUTENVRIJ

✕ LACTOSEVRIJ

VOEDINGSWAARDE

TOTAAL 600 GRAM: KCAL 165 | VET 0,1 GR | V.VET 0 GR | KOOLHYDRATEN 36 GR | EIWIT 0,5 GR | VEZELS 0,3 GR | NATRIUM 563 MG | WATER 572 GR
PER 100 GRAM: KCAL 28 | VET 0 GR | V.VET 0 GR | KOOLHYDRATEN 6 GR | EIWIT 0,1 GR | VEZELS 0 GR | NATRIUM 94 MG | WATER 95 GR

ENERGIEWAARDE

■ KOOLHYDRATEN ■ VETTEN ■ EIWITTEN

SPORTDRANK
ISOTOON

VOOR / TIJDENS (LANGER DAN 60 MINUTEN)
700 ML
MAAKTIJD 5 MINUTEN

INGREDIËNTEN

- **3 eetlepels vlierbloesemsiroop**
- **1 snufjes mineraalzout**
- **2 snufjes keukenzout**
- **700 ml water**
- **optioneel: takje verse munt**

TIP
Heb je moeite om tijdens inspanning te eten, maar gaat drinken wel? Dan kun je aan je een bidon met water ook geconcentreerde sportgel toevoegen. Karin: "Persoonlijk vind ik deze sportgels vaak véél te zoet en vind ik de nasmaak vervelend. Maar je hebt de koolhydraten wél nodig. Door de gel met je water te mengen is het een stuk makkelijker in te nemen en krijg je én vocht én koolhydraten binnen!"

Dit is een perfect isotone drank met een goede elektrolytenbalans. Zo blijf je tijdens het sporten gehydrateerd en vul je tegelijkertijd je koolhydraten aan.

Neem een lege sportbidon en doe hier de siroop, beide zoutsoorten en eventueel het munttakje in. Vul aan met water.

ZADEN
VIS
INSECTEN
NOTEN
LACTOSE
GLUTEN
EI
SOJA
PINDA

ENERGIEWAARDE

VOEDINGSWAARDE

TOTAAL 750 GRAM: KCAL 167 | VET 0 GR | V.VET 0 GR | KOOLHYDRATEN 47 GR | EIWIT 0 GR | VEZELS 0 GR | NATRIUM 378 MG | WATER 700 GR
PER 100 GRAM: KCAL 22 | VET 0 GR | V.VET 0 GR | KOOLHYDRATEN 6,3 GR | EIWIT 0 GR | VEZELS 0 GR | NATRIUM 50 MG | WATER 93 GR

EETSTIJL

 GLUTENVRIJ

 LACTOSEVRIJ

 VEGANISTISCH

 KOOLHYDRATEN ■ VETTEN ■ EIWITTEN

ENERGIEDRANK
ISOTOON

VOOR / TIJDENS
1000 ML
MAAKTIJD 5 MINUTEN

INGREDIËNTEN

- **1 liter water**
- **2 zakjes gingko- of ginsengthee**
- **1 zakje kruidenthee (zoals brandnetel, citroen, groene thee of munt)**
- **1 citroen**
- **4 eetlepels agavesiroop (of andere zoetstof naar keuze)**
- **snufje zout (of meer als je langer dan een uur gaat sporten en flink zweet)**

ALLERGENEN

 ZADEN

 VIS

 INSECTEN

 NOTEN

LACTOSE

 GLUTEN

EI

 SOJA

 PINDA

Kook het water en giet het in een theepot. Laat de theezakjes 5 tot 7 minuten trekken. Pers de citroen uit en voeg het samen met de siroop aan de thee toe. Laat de thee afkoelen en giet het in je bidon. Voeg eventueel een snufje zout toe.

Deze energiedrank is heerlijk als ijsthee. Laat de drank afkoelen en serveer met een schijfje citroen erin en een paar ijsklontjes.

TIP
Je kunt ook een paar stukjes verse ginsengwortel laten trekken in gekookt water. Ginsengwortel is te koop bij de toko of natuurvoedingswinkel.

WEETJE
Ginseng bevordert een evenwichtige spijsvertering, helpt tegen stress en vermoeidheid en vergroot het uithoudingsvermogen.

EETSTIJL
 GLUTENVRIJ

 LACTOSEVRIJ

VEGANISTISCH

VOEDINGSWAARDE
TOTAAL 1050 GRAM: KCAL 206 | VET 0,6 GR | V.VET 0,1 GR | KOOLHYDRATEN 48 GR | EIWIT 0,8 GR | VEZELS 0,6 GR | NATRIUM 176 MG | WATER 1036 GR
PER 100 GRAM: KCAL 21 | VET 0,06 GR | V.VET 0 GR | KOOLHYDRATEN 4,8 GR | EIWIT 0,1 GR | VEZELS 0,06 GR | NATRIUM 17 MG | WATER 99 GR

ENERGIEWAARDE

■ KOOLHYDRATEN ■ VETTEN ■ EIWITTEN

VERS VAN DE PERS

VOOR
(liever niet in het laatste halfuur voor aanvang)
- Voor de duursporter: juice een aantal bietjes zodat je kunt profiteren van de nitraat die hierin zit. Lees hier meer over op bladzijde 226.
- Mix en match naar eigen smaak groente, fruit, smaakmakers en kruiden door elkaar.
- Voeg eventueel water toe om het sap iets te verdunnen.

NA
- Meng het sap met een eiwitrijke bron zoals magere kwark in een shake voor optimaal spierherstel en -behoud.

WAT KUN JE JUICEN?
Groente zoals wortel, bietjes, (boeren)kool, selderij, maar ook knoflook, gember, peper, appel, peer (en andere sappige fruitsoorten), verse kruiden (munt, peterselie, bieslook), komkommer, aardappel (ongekookt) en knollen.

WAT BETER NIET?
Banaan, noten, zaden, schillen (zijn vaak bespoten en bitter van smaak), avocado, rijst, pasta.

Heb je een juicer in huis? Gebruik hem! Een juicer scheidt het pulp (de onverteerbare vezels) van het sap. Dit is perfect voor sporters die snel last hebben van maagdarmklachten. Vezels kunnen namelijk zorgen voor kramp en andere nare klachten tijdens het sporten. Daarnaast zorgt het juicen van groente en fruit voor een hoge concentratie vitaminen, mineralen en suikerzoet sap.

Dit is een uitkomst voor sporters. Stel je eet twee bieten, een paar appels, twee handen spinazie en vier stengels selderij. Dan zit je bomvol en komt er van sporten niet veel terecht. Op het moment dat je deze voedingsmiddelen juicet, blijft er één groot glas sap over. Dit is prima te drinken zonder meteen extreem vol te zitten. Hierdoor blijft er ruimte over om bijvoorbeeld eiwitten toe te voegen voor een hersteldrank of om nog wat vaste voeding te eten.

Let wel op: zonder de onverteerbare vezels worden de suikers veel sneller opgenomen door je lichaam en omgezet in energie. Dit kan handig zijn voor duursporters die suikers nodig hebben tijdens lange intensieve tochten. Of voor iemand die snel tekorten wil aanvullen na vele uren op de fiets. Wil je juist geen hoge piek in je bloedsuikerspiegel (bijvoorbeeld omdat je het sap drinkt als gezond tussendoortje op je werk), voeg dan iets vets (lijnzaadolie, chiazaad) of eiwit (magere kwark) toe.

ALLERGENEN

ZADEN
VIS
INSECTEN
NOTEN
LACTOSE
GLUTEN
EI
SOJA
PINDA

VITAMINEBOM

VOOR / TIJDENS / NA
500 ML
MAAKTIJD 15 MINUTEN

INGREDIËNTEN
- **2 bieten**
- **3 wortels**
- **4 stengels bleekselderij**
- **½ komkommer**
- **stukje verse gember**
- **150 ml ananassap**
- **optioneel: 150 ml water**

ALLERGENEN

 ZADEN

VIS

INSECTEN

NOTEN

LACTOSE

 GLUTEN

EI

SOJA

PINDA

Was de groenten, maar laat de schil zitten. Verwijder het bietenloof. Snijd alle groenten in stukjes en juice deze in een (slow)juicer of sapcentrifuge. Gooi de pulp niet weg. Hiermee kun je heerlijke herstelburgers maken (bladzijde 72).

Drink het sap bij voorkeur direct op. Zonlicht en zuurstof kunnen er voor zorgen dat voedingsstoffen vernietigd worden en verminderen de werking van antioxidanten.

Wil je het later opdrinken, neem het sap dan mee in een donkere, luchtdichte bidon. Bij een doorzichtige bidon kun je er eventueel een laag aluminiumfolie omheen wikkelen.

TIP
In plaats van een juicer kun je ook een blender of keukenmachine gebruiken. Zeef de drank om de vezels te scheiden.

EETSTIJL

 GLUTENVRIJ

 LACTOSEVRIJ

VEGANISTISCH

VOEDINGSWAARDE
TOTAAL 500 GRAM: KCAL 245 | VET 0,6 GR | V.VET 0 GR | KOOLHYDRATEN 44 GR | EIWIT 8,6 GR | NATRIUM 250 MG | VEZELS 0,1 GR | WATER 500 GR
PER 100 GRAM: KCAL 49 | VET 0,12 GR | V.VET 0 GR | KOOLHYDRATEN 8,8 GR | EIWIT 1,7 GR | NATRIUM 50 MG | VEZELS 0 GR | WATER 100 GR

ENERGIEWAARDE

■ KOOLHYDRATEN ■ VETTEN ■ EIWITTEN

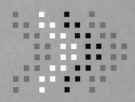

HOOFDSTUK

6

MIDDAGDIP

VRIJWEL IEDEREEN KENT HET VERSCHIJNSEL MIDDAGDIP:
ROND EEN UUR OF VIER 'S MIDDAGS WORD JE DUF.

Het einde van de werkdag is nét te ver weg en de laatste restjes energie moet je uit je tenen halen.
Deze dip heeft voor een groot deel te maken met je biologische klok. Omdat je niet elk moment van de dag actief kunt zijn stuurt deze 'klok' hormonen aan die ervoor zorgen dat je zo nu en dan in de ruststand komt te staan.

Bij de meeste mensen ligt hun prestatiepiek in de ochtend; ongeveer drie uur na het opstaan. Ongeveer vijf uur na die piek neemt het concentratievermogen af. In veel gevallen is dit ergens tussen 15.00 en 16.00 uur in de middag. Een zware, koolhydraatrijke lunch versterkt de middagdip, maar is dus zeker niet de enige oorzaak van dat slome gevoel in de middag.

In de topsport wordt ook rekening gehouden met de middagdip. Bijvoorbeeld door het slaap-waak ritme van atleten op zo'n manier aan te passen dat hun prestatiepiek gelijk is aan het moment dat ze aan de start moeten verschijnen. In Zuid-Europa wordt ook goed gebruik gemaakt van de middagdip door op het heetst van de dag een ontspannende siësta te houden. Geen slecht idee!

Als je middagdip tijdens een lange sporttraining valt, is het verstandig om een rustmoment in te lassen. Ga stretchen of doe bijvoorbeeld (power)yoga-oefeningen. Of gebruik de dip om je trainingsschema's door te nemen. Ben je een teamsporter? Neem allemaal een korte pauze en doe iets voor jezelf.

Een middagdip duurt gelukkig niet lang. Na ongeveer een uur neemt je energieniveau weer langzaam toe, gevolgd door een tweede activiteitspiek in de vroege avond.

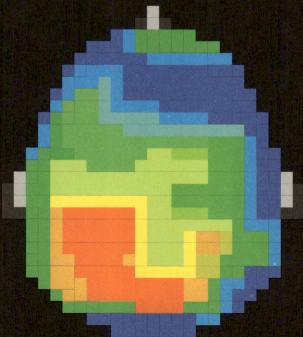

Heb je last van veel stress of een hoge werkdruk? Ga wandelen en trek daarbij af en toe een kort sprintje! Zo'n korte inspanning maakt namelijk endorfine los. Dit hormoon zorgt voor ontspanning en verbetert daarnaast je stemming.

Op deze afbeelding zie je een hersenscan voor en na een korte pauzewandeling van 20 minuten in de frisse lucht.

Bron: Hillman, C. H., et al. (2009)

ERKEN JE DIP EN GEBRUIK HEM

Negeer je dip niet, maar respecteer en gebruik hem voor een pauzemoment.
Bijvoorbeeld zo:

- Maak een korte wandeling. Daglicht en frisse buitenlucht doen je goed.
- Zet de ramen op een kiertje en doe een dutje. Powernaps tot maximaal tien minuten hebben een bewezen verkwikkend effect.
- Kies tijdens je dip werk waarvoor geen opperste concentratie nodig is.
- Zet de radio aan en zing uit volle borst mee of doe een dansje!
- Nodig een yogadocent uit op het werk voor een korte les aan het eind van de middag. Ook goed voor het teamgevoel.
- Have a break, have a... SPORTable!

VOEDING & MIDDAGDIP

Na je middagdip wil je natuurlijk weer snel en effectief aan de slag. Van een aantal voedingsmiddelen is bewezen dat ze je aanscherpen en je lichaam weer actief en alert maken. Het beste is om deze net voor of tijdens de middagdip te eten. Bijvoorbeeld in de vorm van een SPORTable.

CHOCOLADE (MET MINSTENS 60% CACAO).

- Chocolade met tenminste 60% cacao stimuleert en activeert de hersenen, zodat je je beter kunt concentreren.

VOEDZAAM ONTBIJT

- Zorg voor een voedzaam ontbijt en lunch met een frisse combinatie van vers fruit, groente, granen, noten en zaden. De perfecte lunch bestaat vooral uit complexe koolhydraten en niet alleen uit snelle suikers en teveel verzadigd (trans)vet. Complexe koolhydraten geven hun energie niet in één klap vrij, maar verspreid over een langere periode. Zo voorkom je dat je middagdip samenvalt met een hongerige, lege maag.

WATER

- Drink de hele dag voldoende water. Zorg dat je altijd een gevuld flesje bij de hand hebt. Vind je water wat saai? Probeer dan één van de infused waters van bladzijde 129 t/m 131.

RUST EN REGELMAAT

- Breng zoveel mogelijk regelmaat aan in je dag- en nachtritme. Verspreid maaltijden en tussendoortjes over de dag. Eet bijvoorbeeld drie hoofdmaaltijden en enkele kleinere snacks.
- Ook de nachtrust is van invloed op het prestatievermogen. Een volwassen persoon heeft gemiddeld zeven á acht uur slaap nodig om overdag weer fris en fruitig aan de start of op het werk te verschijnen.

ZOETE VERLEIDERS

Ze zijn zo verleidelijk, maar snoep, koek en energydrinks kun je beter laten staan. Producten met (geraffineerde) suiker doen niets voor je en geven je enkel een korte boost van 'lege calorieën' en snelle suikers. Je bloedsuikerspiegel gaat hevig schommelen: eerst schiet het met een piek omhoog om daarna in daarna een vrije val naar beneden te duiken. Het resultaat: meer trek en minder energie. En dat was nou juist niet de bedoeling.

Toch is het niet vreemd dat je tijdens een middagdip snel naar een makkelijke hap grijpt. Als je moe bent maak je andere keuzes dan wanneer je vol energie zit. Je kiest dan sneller voor de makkelijke (en vaak ongezonde) opties en je bent sneller over te halen voor een zoete of vettige, zoute snack. Met een SPORTable op zak kun je uitkijken naar een snack die gezond maar vooral ook erg lekker is. Zo hoef je je wilskracht ook niet op de proef te stellen.

Ontbreekt het je aan wilskracht die lekkere maar ongezonde

snacks te laten liggen? Niet getreurd.

Wilskracht is net als een spier: je kunt hem trainen!

CAFEÏNE

Het is het eerste waar veel mensen aan denken bij een middagdip: koffie! Zeker, cafeïne geeft een kick, maar die is slechts van korte duur. Net zoals snelle suikers geeft cafeïne alleen een korte energiepiek. Sla de koffie en snelle suikers dus over en kies in plaats daarvan voor een blokje om.

OREOKOEKJES

TUSSENDOOR
12 KOEKJES
MAAKTIJD 20 MIN + 30 MIN WACHTEN + 10 MIN OVENTIJD

 ZADEN

 VIS

 INSECTEN

 NOTEN

 LACTOSE

 GLUTEN

 EI

 SOJA

 PINDA

INGREDIËNTEN
Voor de koekjes
- **120 gram patentbloem of speltmeel**
- **30 gram cacaopoeder**
- **½ theelepel bakpoeder**
- **snufje zout**
- **20 gram boter of kokosolie**
- **25 gram olijfolie**
- **70 gram (kokosbloesem/palm) suiker**
- **20 gram honing of agavesiroop**
- **1 theelepel vanille-extract**
- **45 gram (plantaardige) melk**
- **15 gram pure chocola (minimaal 78%) of rauwe chocolade**

Voor de vulling
- **20 gram kokosolie (boter kan ook)**
- **70 gram crème fraîche light**
- **20 gram poedersuiker**
- **½ theelepel vanille-extract**

	VOEDINGSWAARDE	ENERGIEWAARDE
	TOTAAL 554 GRAM: KCAL 1689 | VET 81,6 GR | V.VET 38,9 GR | KOOLHYDRATEN 205,6 GR | EIWIT 25,6 GR | VEZELS 16,4 GR | NATRIUM 464 MG	
	PER KOEKJE (46 GRAM): KCAL 140 | VET 6,8 GR | V.VET 3,2 GR | KOOLHYDRATEN 17,1 GR | EIWIT 2,1 GR | VEZELS | 1,4 GR | NATRIUM 38 MG	**OVERIG** ✲ INVRIESBAAR

■ KOOLHYDRATEN ■ VETTEN ■ EIWITTEN

TIP

Je kunt de poedersuiker helemaal weglaten. De structuur
van de vulling zal hetzelfde
blijven, maar de smaak
wordt frisser (en lijkt minder
op die van het originele
koekje).

VARIATIE

Je kunt er zelfs een veganistische versie van maken door
in plaats van crème fraîche
een plantaardige variant of
kokosboter te gebruiken. Met
kokosboter bevat de vulling
wel wat meer (verzadigd) vet
dan is aangegeven bij de
voedingswaarden.

Ideaal voor een regenachtige rustdag op de bank:
zelfgemaakte oreokoekjes, maar dan zonder een
waslijst aan onbegrijpelijke ingrediënten.

Doe de bloem, cacaopoeder, bakpoeder en het zout in
een kom en roer door elkaar.

Zorg dat de boter op kamertemperatuur is. Gebruik
je kokosolie? Laat deze dan in een pannetje op laag
vuur smelten. Doe de zachte boter of kokosolie in een
tweede kom, samen met de olijfolie, suiker, honing of
agavesiroop, vanille-extract en melk en meng het goed
door elkaar. Voeg de inhoud van de kom met droge
ingrediënten toe en meng het goed door.

Rasp de chocolade en meng ook dit door het deeg.
Kneed het nog even kort door, vorm het tot een bal
en wikkel het in plasticfolie. Laat het deeg 30 minuten
rusten in de koelkast, zodat de smaken goed kunnen
intrekken.

Verwarm de oven voor op 175 °C en bekleed een
bakplaat met bakpapier

Haal het deeg uit de koelkast en rol het uit tot een
plak van ongeveer 3 mm dikte. Gebruik een glas of
koekjessteker met een doorsnede van ongeveer 5 cm
om 24 rondjes uit het deeg te steken. Leg de koekjes
op de bakplaat en bak ze in 10 tot 15 minuten gaar.
Ze mogen nog een beetje zacht aanvoelen wanneer je
ze uit de oven haalt.

Laat de koekjes een paar minuten afkoelen op de
bakplaat en leg ze daarna voorzichtig op een rooster
om verder af te koelen.

Smelt de kokosolie of boter voor de vulling. Voeg de
crème fraîche, poedersuiker en vanille-extract toe
en roer dit goed door elkaar. Je hebt nu een stevige
crèmevullling. Besmeer de helft van de (goed afgekoelde!) koekjes met de vulling en druk de andere helft er
voorzichtig op.

MUFFIN UIT EEN MOK

ONTBIJT OF TUSSENDOOR

1 MUFFIN
MAAKTIJD 5 MINUTEN

INGREDIËNTEN

- **1 kleine banaan (of een halve grote)**
- **1 ei**
- **4 eetlepels havermout**
- **1 eetlepel honing**
- **40 gram blauwe bessen (diepvries of vers)**
- **10 gram chocolade naar keuze (optioneel)**

A ALLERGENEN

 ZADEN

 VIS

INSECTEN

NOTEN

LACTOSE

 GLUTEN

 EI

SOJA

 PINDA

Speciaal voor iedereen die best een gezond ontbijt wil maken, maar daar niet altijd de tijd voor hebben. Binnen vijf minuten staat er een heerlijke ontbijtverrassing voor je neus. Lekker met magere kwark en een paar blauwe bessen als topping.

Snijd de banaan in stukjes en doe deze in een grote mok. Prak de stukjes met een vork en doe dan het ei, havermout en honing erbij en meng dit tot een dik en smeuïg beslag. Voeg de blauwe bessen toe en roer het nog eens goed door.

Voor een extra feestelijk ontbijt: breek de chocolade in stukjes en roer door het beslag. Zet de mok in de magnetron, laat het ongeveer 1,5 minuut garen op 900 watt en klaar is je ontbijt!

Gebruik je liever geen magnetron of heb je er geen? Geen probleem! In de oven wordt het net zo lekker! Je moet alleen iets meer geduld hebben. Bak de muffin dan op 200 °C in 15 tot 20 minuten gaar. Let wel op dat je een mok gebruikt die in de oven mag.

TIP

Deze muffin is ook heel geschikt om als tussendoortje of vieruurtje te eten. Maak een grotere hoeveelheid van het recept, doe het beslag in muffinvormpjes en zet het in de oven.

EETSTIJL

☒ LACTOSEVRIJ

☒ GLUTENVRIJ

VOEDINGSWAARDE EXCLUSIEF CHOCOLA EN GARNERING
TOTAAL 236 GRAM: KCAL 288 | VET 6,4 GR | V.VET 2 GR |
KOOLHYDRATEN 45 GR | EIWIT 10,1 GR | VEZELS 4,7 GR | NATRIUM 78 MG

ENERGIEWAARDE

OVERIG

✻ INVRIESBAAR

■ KOOLHYDRATEN ■ VETTEN ■ EIWITTEN

SPECULOOSREPEN

MIDDAGDIP
6 REPEN
MAAKTIJD 10 MINUTEN + 30 MINUTEN WACHTEN

INGREDIËNTEN
- **50 gram cornflakes**
- **15 gram sesamzaad**
- **1 theelepel speculaaskruiden**
- **15 gram zonnebloempitten**
- **2 eetlepels geraspte kokos**
- **3 zachte dadels (15 gram)**
- **75 ml water**
- **3 eetlepels speculoospasta**

Verkruimel de cornflakes en meng de kruimels in een kom met het sesamzaad, speculaaskruiden, zonnebloempitten en geraspte kokos.

Ontpit de dadels en doe ze in een kleine steelpan met het water. Pureer ze met een staafmixer en doe dan de speculoospasta erbij. Verwarm het op een heel laag vuurtje, totdat het geheel gemengd is en het wat vloeibaar wordt.

Roer het warme speculoosmengsel door het cornflakesmengsel in de kom. Schep het in een vierkant bakblik en duw het goed aan waarbij je de opstaande randen van het bakblik gebruikt als steun. De dikte van de repen moet ongeveer 1,5 cm zijn. Dek het bakblik af met plasticfolie en zet het in de koelkast.

Bewaar in de koelkast tot gebruik of haal het bakblik na 30 minuten uit de koelkast en snijd er 6 repen van.

ALLERGENEN

ZADEN
VIS
INSECTEN
NOTEN
LACTOSE
GLUTEN
EI
SOJA
PINDA

ENERGIEWAARDE

OVERIG

 INVRIESBAAR

VOEDINGSWAARDE
TOTAAL 250 GRAM: KCAL 760 | VET 41,3 GR | V.VET 10,2 GR | KOOLHYDRATEN 82 GR | EIWIT 12,4 GR | VEZELS 7,5 GR | NATRIUM 372 MG
PER REEP (42 GRAM): KCAL 127 | VET 6,9 GR | V.VET 1,7 GR | KOOLHYDRATEN 13,7 GR | EIWIT 2,1 GR | VEZELS 1,3 GR | NATRIUM 6,2 MG

EETSTIJL
 LACTOSEVRIJ
 VEGANISTISCH

■ KOOLHYDRATEN ■ VETTEN ■ EIWITTEN

WORTELTAARTBOLLEN

TUSSENDOOR
ONGEVEER 10 BOLLEN
MAAKTIJD 10 MINUTEN + 30 MINUTEN WACHTEN

INGREDIËNTEN

- **65 gram havermout**
- **25 gram rozijnen**
- **1 vanillestokje**
- **10 gram geroosterde ongezouten walnoten**
- **40 gram wortel**
- **20 gram amandelmeel**
- **mespuntje (mineraal)zout**
- **1 theelepel kaneel**
- **½ theelepel nootmuskaat**
- **7 zachte dadels (ongeveer 45 gram)**
- **25 ml heet water**

ALLERGENEN

ZADEN

VIS

INSECTEN

NOTEN

LACTOSE

GLUTEN

EI

SOJA

PINDA

Maal de havermout fijn met een staafmixer of keuken-machine tot het bijna meel is. Voeg de rozijnen toe en druk een paar keer op de pulseknop, tot de rozijnen wat kleiner zijn. Doe de haver-rozijnenmix dan in een kom.

Snijd het vanillestokje doormidden, schraap het merg eruit en doe dit bij het mengsel in de kom. Hak de walnoten fijn en voeg ze ook toe. Rasp de wortel en voeg deze aan de inhoud van de kom toe, samen met het amandelmeel, zout en de specerijen. Roer alles goed door elkaar.

Ontpit de dadels en pureer ze in een kleine kom tot puree, met het hete water. Voeg de dadelpuree toe aan het mengsel in de grotere kom en roer het tot een deeg. Rol hiervan tien ballen. Dit gaat het makkelijkst als je je handen nat maakt. Dan blijft het deeg niet zo plakken.

Is het deeg te droog? Voeg dan wat extra water toe. Als het te nat is om te kneden kun je er wat fijngemalen havermout aan toevoegen. Bewaar de worteltaartbollen afgedekt in de koelkast.

TIP
Eventueel kun je de bollen door een smaakmengsel rollen. Bijvoorbeeld:
- 10 gram havermout met 1 eetlepel (palm)suiker
- handje geroosterde, verkruimelde walnoten met met ½ theelepel gemberpoeder
- handje geraspte kokos

EETSTIJL

GLUTENVRIJ

LACTOSEVRIJ

VEGANISTISCH

VOEDINGSWAARDE
TOTAAL 225 GRAM: KCAL 669 | VET 23,8 GR | V.VET 1,8 GR | KOOLHY-DRATEN 92,3 GR | EIWIT 13,1 GR | VEZELS 14,3 GR | NATRIUM 156 MG
PER BOL (23 GRAM): KCAL 74 | VET 2,5 GR | V.VET 0,2 GR | KOOLHY-DRATEN 10 GR | EIWIT 1,4 GR | VEZELS 1,5 GR | NATRIUM 17 MG

ENERGIEWAARDE

OVERIG

INVRIESBAAR

■ KOOLHYDRATEN ■ VETTEN ■ EIWITTEN

MEERGRANEN MANGOFEEST

ONTBIJT & LUNCH

5 KLEINE PANNENKOEKEN
MAAKTIJD 10 MINUTEN

INGREDIËNTEN

Voor de pannenkoekjes

- **50 gram volkorenmeel (spelt of tarwe)**
- **20 gram boekweitmeel**
- **1 ei**
- **75 ml melk (plantaardig/mager)**
- **10 gram lijnzaad (gebroken)**
- **50 gram mango**

Voor de vulling

- **30 gram mango**
- **100 gram zure room of crème fraîche light**
- **20 gram abrikozenjam**

Doe beide meelsoorten, ei, melk en lijnzaad in een kom en mix het tot een glad beslag. Het mag een beetje lobbig zijn, op die manier loopt het beslag niet uit in de pan. Snijd de mango in stukjes en spatel deze voorzichtig door het beslag.

Verhit wat olie of boter in een koekenpan en giet een flinke lepel beslag in de hete pan (er passen ongeveer 3 pannenkoekjes in één koekenpan). Bak de pannenkoekjes aan beide kanten goudbruin.

De pannenkoekjes zijn naturel al heerlijk, maar worden extra lekker als je ze vult. Doe hiervoor 30 gram mango in een keukenmachine of blender en meng het met de zure room of crème fraîche tot een lichtgele, egale room. Leg een pannenkoekje op een bord en smeer er een laagje room op. Leg een tweede pannenkoek op de room en besmeer hem met een dun laagje abrikozenjam. Herhaal deze stappen tot de pannenkoeken op zijn.

ZADEN

VIS

INSECTEN

NOTEN

LACTOSE

GLUTEN

EI

SOJA

PINDA

ENERGIEWAARDE

OVERIG

VOEDINGSWAARDE EXCLUSIEF VULLING

TOTAAL 180 GRAM: KCAL 382 | VET 9,2 GR | V.VET 2,1 GR | KOOLHYDRATEN 54 GR | EIWIT 15,2 GR | VEZELS 10,9 GR | NATRIUM 82 MG
PER PANNENKOEK (36 GRAM): KCAL 76 | VET 1,8 GR | V.VET 0,4 GR | KOOLHYDRATEN 10,8 GR | EIWIT 3 GR | VEZELS 2,2 GR | NATRIUM 16 MG

 KOOLHYDRATEN ■ VETTEN ■ EIWITTEN

SCONES

LUNCH & TUSSENDOOR
10 SCONES
MAAKTIJD 15 MINUTEN + 15 MINUTEN IN DE OVEN

INGREDIËNTEN
- **300 gram bloem**
- **2 eetlepels bakpoeder**
- **1 mespunt zout (ongeveer 2 gram)**
- **2 theelepels (kokosbloesem)suiker**
- **25 gram banaan**
- **25 gram magere kwark**
- **2 eieren**
- **50 ml karnemelk**

ALLERGENEN

 ZADEN

 VIS

INSECTEN

NOTEN

 LACTOSE

 GLUTEN

 EI

SOJA

 PINDA

Deze scones bak je met kwark en banaan in plaats van roombotter. Een stuk lichter en vooral: enorm lekker!

Verwarm de oven voor op 200 °C en bekleed een bakplaat met bakpapier. Doe de bloem, bakpoeder, zout en suiker in een beslagkom en roer goed door. Prak de banaan en voeg deze samen met de kwark toe aan het bloem-suikermengsel in de kom. Roer tot je een kruimelig mengsel hebt.

Klop de eieren los in een aparte kom en roer de karnemelk erdoor. Giet dit mengsel bij het kruimelige bloemmengsel terwijl je blijft roeren. Kneed het deeg dan door tot het mooi stevig en soepel is.

Bekleed een bakplaat met bakpapier en draai 10 gelijke balletjes van het deeg. Leg de scones op de bakplaat en druk ze iets plat. Bak ze in ongeveer 15 minuten goudgeel en gaar.

TIP
Lekker met jam en een beetje (versgeklopte) slagroom. Eventueel kun je ook een handje rozijnen aan het deeg toevoegen.

Je kunt ook 16 kleine scones bakken in plaats van 10 grotere. In dat geval is het een lekker tussendoortje.

VOEDINGSWAARDE
TOTAAL 500 GRAM: KCAL 1089 | VET 12,2 GR | V.VET 3,4 GR | KOOLHYDRATEN 190,8 GR | EIWIT 48,2 GR | VEZELS 10,5 GR | NATRIUM 967 MG
PER SCONE (50 GRAM): KCAL 68 | VET 0,7 GR | V.VET 0,2 GR | KOOLHYDRATEN 11,9 GR | EIWIT 3,0 GR | VEZELS 0,6 GR | NATRIUM 60 MG

ENERGIEWAARDE

OVERIG

❄ INVRIESBAAR

■ KOOLHYDRATEN ■ VETTEN ■ EIWITTEN

NOTENVRUCHTENREEP

TUSSENDOOR

8 REPEN

MAAKTIJD 10 MINUTEN + 20 MINUTEN IN DE OVEN + 1 UUR WACHTEN

INGREDIËNTEN

- **60 gram zachte dadels**
- **100 ml kokend water**
- **40 gram gedroogde pruimen**
- **20 gram hazelnoten**
- **5 paranoten**
- **20 gram hennepzaad**
- **10 gram chiazaad**
- **50 gram haver(mout)meel**
- **50 gram havermout**
- **60 gram pure chocolade**

WEETJE

Bak producten met aman-
del(meel), hazelnoten(meel),
zonnebloempitten en/of
andere zaden en noten
op maximaal 170 graden,
anders kunnen de vetten
uit de pitten en noten gaan
oxideren en verbranden.

HENNEPZAAD

Hennepzaad heeft een
nootachtige smaak en is
een smakelijke en gezonde
toevoeging aan veel gerech-
ten. Het is rijk aan mineralen,
vitaminen, onverzadigde
vetzuren en is eiwitrijk. Er
bestaat zowel gepeld als
ongepeld hennepzaad.

Verwarm de oven voor op 170 °C. Ontpit de dadels
en leg ze in een hittebestendige kom. Giet het kokend
hete water over de dadels en laat ze 5 minuten wellen.
Pureer de dadels met het water dan tot een zoete
pasta.

Hak de hazelnoten en (ontpitte) pruimen in stukjes en
doe ze samen met de overige ingrediënten (behalve de
chocolade) bij de dadelpasta. Meng goed door elkaar.

Verdeel het mengsel over 6 siliconen reepvormen of de
bodem van een bakblik. Maak met een mes inkepingen
in het mengsel, zodat het is verdeeld in 6 repen voor je
het bakblik in de oven zet. Bak de repen in 15 minuten
gaar en haal ze uit de oven. Snijd ze in repen en leg ze
op een bakvel terug in de oven. Bak ze nog 5 minuten,
zodat ze rondom goudgeel zijn. laat ze afkoelen met
de ovendeur open.

Verdeel de repen over een stuk bakpapier, zodat ze elkaar niet raken. Smelt de chocolade au bain-marie en
schenk over de repen, zodat er mooie chocoladestre-
pen ontstaan. Laat de chocolade uitharden.

A ALLERGENEN

ZADEN

VIS

INSECTEN

NOTEN

LACTOSE

GLUTEN

EI

SOJA

PINDA

ENERGIEWAARDE

OVERIG

 INVRIESBAAR

VOEDINGSWAARDE

TOTAAL 400 GRAM: KCAL 1212 | VET 56 GR | V.VET 12 GR | KOOLHY-
DRATEN 150 GR | EIWIT 28 GR | VEZELS 30 GR | NATRIUM 45 MG
PER REEP (50 GRAM): KCAL 152 | VET 7 GR | V.VET 1,5 GR | KOOLHY-
DRATEN 19 GR | EIWIT 3,5 GR | VEZELS 3,8 GR | NATRIUM 5,6 MG

EETSTIJL

 LACTOSEVRIJ

 GLUTENVRIJ

■ KOOLHYDRATEN ■ VETTEN ■ EIWITTEN

PEANUTBUTTERCHUNKS

MIDDAGDIP
4 REPEN
MAAKTIJD 10 MINUTEN +15 MINUTEN IN DE OVEN

INGREDIËNTEN
- **20 gram dadels**
- **50 ml kokend water**
- **40 gram pindakaas**
- **40 gram rijststroop (2 eetlepels)**
- **1 theelepel vanille-extract**

- **55 gram boekweitgrutten**
- **20 gram hazelnoten (ongebrand)**
- **15 gram zonnebloempitten**
- **10 gram sesamzaad**

ALLERGENEN

 ZADEN

VIS

INSECTEN

 NOTEN

LACTOSE

GLUTEN

EI

SOJA

 PINDA

Pindakaas is te vet om veel van te eten rondom en tijdens het sporten, maar voor een middagdip is het een prima smaakmaker met gezonde vetten.

Verwarm de oven voor op 170 °C. Ontpit de dadels en leg ze in een hittebestendige kom. Giet het kokend hete water over de dadels en laat ze 5 minuten wellen. Pureer de dadels met het water tot een zoete pasta.

Voeg pindakaas, rijststroop en vanille-extract toe aan de zoete pasta en meng alles goed door elkaar. Vermaal de boekweitgrutten tot een grof meel en meng het met de hele hazelnoten, zonnebloempitten en sesamzaadjes door het pindakaas-dadelmengsel.

Bekleed een kleine ovenschaal met bakpapier. Druk het mengsel uit over de bodem in een laag van ongeveer 1,5 cm dikte. Snijd het deeg in vieren en bak in 15 minuten goudbruin. Laat de chuncks afkoelen in de oven met de deur op een kier. Als het goed is voelen de chunks na het bakken nog zacht aan als je er met je vinger in duwt. Tijdens het afkoelen worden ze iets harder en krokanter, maar van binnen blijven ze smeuïg.

EETSTIJL
 GLUTENVRIJ
 LACTOSEVRIJ
 VEGANISTISCH

VOEDINGSWAARDE
TOTAAL 220 GRAM: KCAL 917 | VET 52 GR | V.VET 5,3 GR | KOOLHYDRATEN 86 GR | EIWIT 22 GR | VEZELS 11 GR | NATRIUM 119 MG
PER BROK (55 GRAM): KCAL 229 | VET 13 GR | V.VET 1,3 GR | KOOLHYDRATEN 21,5 GR | EIWIT 5,5 GR | VEZELS 2,8 GR | NATRIUM 30 MG

ENERGIEWAARDE

OVERIG
 INVRIESBAAR

■ KOOLHYDRATEN ■ VETTEN ■ EIWITTEN

ABRIKOZEN CASHEW QUINOAREEPJES

MIDDAGDIP

12 REPEN
MAAKTIJD 10 MINUTEN + 15 MINUTEN IN DE OVEN

INGREDIËNTEN

- **50 gram ongebrande, ongezouten cashewnoten**
- **200 gram gedroogde abrikozen**
- **3 eetlepels rijstebloem (30 gram)**
- **2 eetlepels chiazaad (10 gram)**
- **40 gram gepofte quinoa**
- **mespuntje (mineraal)zeezout**
- **50 tot 100 ml water**

Verwarm de oven op 150 °C. Verdeel de cashewnoten over een bakplaat en rooster ze 15 minuten. Roer ze na 7 minuten even om, zodat ze niet te hard verkleuren aan één kant. Laat de geroosterde cashewnoten helemaal afkoelen.

Maal de abrikozen samen met cashewnoten fijn in de keukenmachine. Meng in een kom de rijstebloem, chiazaad, gepofte quinoa en het zout goed door elkaar. Voeg het abrikozen-cashewmengsel toe en roer goed. Giet beetje bij beetje wat water bij het mengsel en roer tot er een compact deeg ontstaat.

Verspreid het deeg over de bodem van het bakblik en duw het stevig aan tot de laag overal ongeveer 1,5 cm dik is. Snijd ongeveer 12 kleine repen uit de plak en schep ze voorzichtig uit de vorm.

ALLERGENEN

ZADEN

VIS

INSECTEN

NOTEN

LACTOSE

GLUTEN

EI

SOJA

PINDA

ENERGIEWAARDE

OVERIG

VOEDINGSWAARDE

TOTAAL 480 GRAM: KCAL 877 | VET 29,8 GR | V.VET 5 GR | KOOL-HYDRATEN 117 GR | EIWIT 25,2 GR | VEZELS 20,4 GR | NATRIUM 164 MG
PER REEP (40 GRAM): KCAL 88 | VET 3 GR | V.VET 0,5 GR | KOOL-HYDRATEN 12 GR | EIWIT 12,5 GR | VEZELS 2 GR | NATRIUM 16,4 MG

EETSTIJL

 GLUTENVRIJ

 LACTOSEVRIJ

 VEGANISTISCH

 KOOLHYDRATEN ■ VETTEN ■ EIWITTEN

BANAAN CHOCOREEP

MIDDAGDIP
4 GROTE REPEN OF 8 KLEINE
MAAKTIJD 10 MINUTEN + 15 MINUTEN IN DE OVEN

INGREDIËNTEN
- **40 gram havermout**
- **80 gram banaan**
- **40 gram speltvlokken**
- **20 gram rozijnen**
- **20 gram hazelnoten**
- **40 gram pure chocolade**

A ALLERGENEN

ZADEN
VIS
INSECTEN
NOTEN
LACTOSE
GLUTEN
EI
SOJA
PINDA

Omdat de B'tween als één van de favoriete repen uit onze test kwam, hebben we daar een gezonde sport-variant van gemaakt. Een heerlijk krokante reep vol granen en noten die aan de binnenkant een beetje smeuïg blijft. En dat met maar liefst 2,5 keer minder verzadigd vet als in de B'tween uit de supermarkt!

Verwarm de oven voor op 170 °C en bekleed een bakplaat met bakpapier. Doe de havermout in een blender of keukenmachine en vermaal het tot meel. Prak de banaan in een mengkom en voeg de vermaalde havermout, speltvlokken en rozijnen eraan toe. Hak de hazelnoten grof en doe ze ook in de kom. Roer alles goed door elkaar tot een plakkerig geheel.

Vorm vier grote of acht kleine repen van het mengsel en leg deze op de bakplaat. Bak de repen in ongeveer 15 minuten goudbruin. De buitenkant mag krokant zijn. Laat de repen even afkoelen.

Smelt de chocolade au bain-marie en doop de onder-kant van de repen in de chocolade. Laat ze 10 minuten afkoelen op een stuk bakpapier in de koelkast.

EETSTIJL
☒ LACTOSEVRIJ

VOEDINGSWAARDE
TOTAAL 240 GRAM: KCAL 807 | VET 34,6 GR | V.VET 10,5 GR | KOOLHYDRATEN 91,3 GR | EIWIT 24,2 GR | VEZELS 16,7 GR | NATRIUM 13 MG
PER REEP (60 GRAM): KCAL 201 | VET 8,6 GR | V.VET 2,6 GR | KOOLHYDRATEN 22,8 GR | EIWIT 6 GR | VEZELS 4,1 GR | NATRIUM 3,2 MG

ENERGIEWAARDE

OVERIG
✳ INVRIESBAAR

■ KOOLHYDRATEN ■ VETTEN ■ EIWITTEN

GEPOFTE RIJSTHAPJES

MIDDAGDIP

12 BITES
MAAKTIJD 10 MINUTEN + 2 UUR IN DE KOELKAST

INGREDIËNTEN

- 100 gram rice puffs naturel
- 30 gram havermeel (of vermaal zelf havermout tot meel)
- 2 eetlepels zonnebloempitten
- 2 eetlepels (gebroken) lijnzaad
- 2 eetlepels fiberhusk of chiazaad
- 5 paranoten
- 2 eetlepels kokosolie
- 5 zachte dadels
- 1 eetlepel ras el hanout

RAS EL HANOUT

Ras el hanout is een Marokkaans kruidenmengsel van specerijen, waaronder gember, peper, kaneel, kruidnagel, nootmuskaat, kurkuma en zout.

Meng de gepofte rijst, havermeel, zonnebloempitten, lijnzaad en fiberhusk in een middelgrote mengkom. Hak de paranoten in kleine stukjes en voeg die ook toe.

Verwarm de kokosolie op laag vuur in een kleine steelpan en prak de dadels door de olie tot een zacht, glad mengsel. Roer de ras el hanout erdoor, giet de inhoud van de steelpan over de droge ingrediënten en meng goed door elkaar.

Verdeel het mengsel over een vierkant bakblik en druk stevig en gelijkmatig aan tot een dikte van ongeveer 1,5 cm. Dek het blik af met plasticfolie en zet het tenminste 2 uur in de koelkast, zodat het kan opstijven. Snijd de plak dan in ongeveer 12 bites en verpak ze per stuk in wat SPORTwrap.

ZADEN
VIS
INSECTEN
NOTEN
LACTOSE
GLUTEN
EI
SOJA
PINDA

ENERGIEWAARDE

OVERIG

VOEDINGSWAARDE

TOTAAL 300 GRAM: KCAL 1296 | VET 66,1 GR | V.VET 31,8 GR | KOOLHYDRATEN 143 GR | EIWIT 22,6 GR | VEZELS 20 GR | NATRIUM 78 MG
PER BITE (25 GRAM): KCAL 108 | VET 5,5 GR | V.VET 3,5 GR | KOOLHYDRATEN 12 GR | EIWIT 1,9 GR | VEZELS 1,7 GR | NATRIUM 6,5 MG

EETSTIJL

 GLUTENVRIJ

 LACTOSEVRIJ

 VEGANISTISCH

■ KOOLHYDRATEN ■ VETTEN ■ EIWITTEN

ROZE RIJSTREPEN

MIDDAGDIP

12 REPEN

MAAKTIJD 30 MINUTEN + 20 MINUTEN WACHTEN

INGREDIËNTEN

- **250 gram witte rijst**
- **500 ml water**
- **snufje zout**
- **15 gram suiker**
- **65 gram magere aardbeienkwark**
- **vanillestokje**
- **200 gram verse frambozen**

ZADEN

VIS

INSECTEN

NOTEN

LACTOSE

GLUTEN

EI

SOJA

PINDA

Doe rijst, water en zout in een pan en kook de rijst net iets langer dan op de verpakking staat. Zo krijg je lekker kleverige rijst. Laat de rijst na het koken afkoelen.

Roer de suiker en kwark door de afgekoelde rijst. Snijd het vanillestokje open, schraap het merg eruit en doe dit ook bij de rijst. Meng goed door elkaar.

Schep de helft van de rijst in een vierkant bakblik van 20 bij 20 centimeter en duw het goed aan tot de rijst overal een gelijke dikte heeft. Verdeel de frambozen over de rijst en plet ze met de achterkant van een lepel. Schep nu de resterende rijst over de frambozen en duw ook deze laag weer stevig aan.

Dek het bakblik af met plasticfolie en laat het 20 minuten rusten op het aanrecht. Snijd de plak in ongeveer 12 stukken en verpak ze stevig in met SPORTwrap zodat je ze kunt meenemen voor onderweg.

EETSTIJL

GLUTENVRIJ

VOEDINGSWAARDE

TOTAAL 985 GRAM: KCAL 1070 | VET 1,9 GR | V.VET 0,7 GR | KOOLHYDRATEN 229 GR | EIWIT 27 GR | VEZELS 9,4 GR | NATRIUM 129 MG
PER REEP (75 GRAM): KCAL 89 | VET 0,2 GR | V.VET 0,08 GR | KOOLHYDRATEN 19 GR | EIWIT 2,3 GR | VEZELS 0,8 GR | NATRIUM 10,8 MG

ENERGIEWAARDE

OVERIG

INVRIESBAAR

 KOOLHYDRATEN ■ VETTEN ■ EIWITTEN

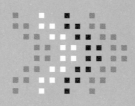

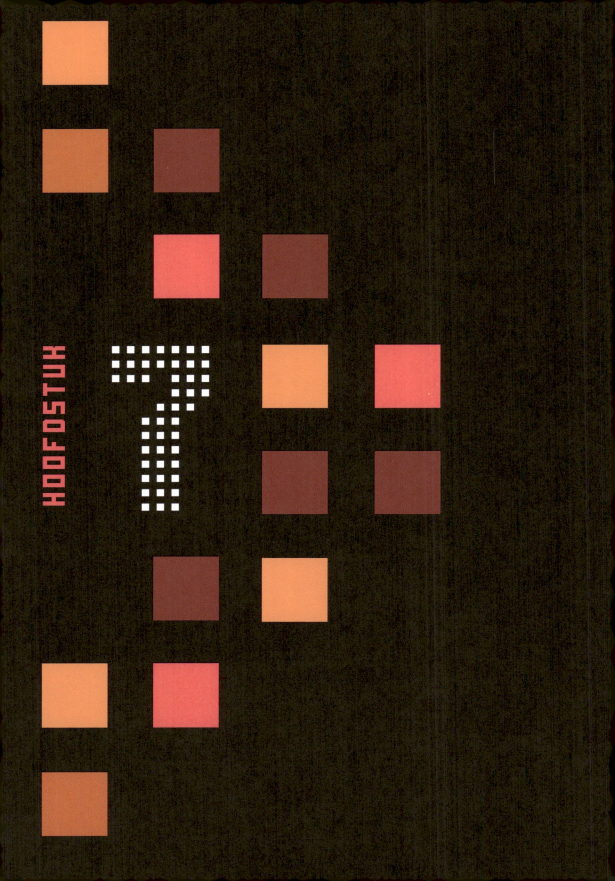

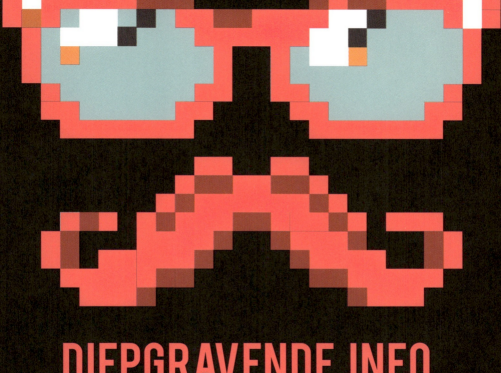

DIEPGRAVENDE INFO

In dit hoofdstuk duiken we de diepte in. Niet alleen omdat dat ontzettend interessant is, maar ook omdat je er je voordeel mee kunt doen als je begrijpt hoe bepaalde processen in het lichaam werken. Op sportgebied, maar ook in het dagelijks leven.

Leer wat je lichaam wanneer nodig heeft en waarom dat zo is. Hoe wordt die banaan omgezet in energie? Hoe zitten de richtlijnen in elkaar en hoe zit het met supplementgebruik? Waar moet je als sporter rekening mee houden, wat zijn veel voorkomende klachten en hoe los je die op? Of nog beter: hoe kun je klachten voorkomen? In dit hoofdstuk hebben we de meest waardevolle informatie, weetjes en tips verzameld.

INHOUD

7.1
BASISVOEDINGSSTOFFEN

Voedingstoffen zijn de bron van alle levensprocessen. Voedingsstoffen voorzien het lichaam van energie en zijn tegelijkertijd ook de bouwstenen, smeerolie en ondersteunende en beschermende stoffen voor het lichaam. Je kunt het vergelijken met een auto. Om je auto optimaal te laten rijden kies je voor hoogwaardige en specifieke producten. Loopt de auto op diesel, dan stop je er geen benzine in, want dan gaat het mis. In het lichaam werkt dat net zo. Als je energie nodig hebt kun je bijvoorbeeld beter koolhydraten eten en geen eiwitten.

Maar dat is niet alles. Je komt tenslotte niet heel ver door alleen de juiste brandstof in je auto te gooien. Er moet ook nog olie in én koelvloeistof. Daarnaast moeten alle onderdelen goed worden verzorgd en vervang je om de zoveel kilometer de distributieriem. En als het even kan zet je de auto bij slecht weer in een garage of onder een carport. Als je geen zorg besteedt aan het onderhoud, dan gaat je auto roesten en is er al snel geen sprake meer van een soepel rijdende machine.

Zo is het ook essentieel om te zorgen voor je eigen vervoersmiddel: je lichaam. Zeker voor sporters die meer van hun lijf vragen moet het hele plaatje compleet zijn om optimaal te kunnen presteren. Dus niet alleen zorgen voor de juiste brandstof, maar ook voor al die andere zaken. Zo heb je niet alleen langer plezier en profijt van een gezond lichaam, maar zit je ook beter in je vel, heb je meer energie en houd je blessures buiten de deur.

MACRONUTRIËNTEN

Onder de macronutriënten vallen koolhydraten, vetten en eiwitten. Wat je eet bestaat voor het grootste deel uit deze voedingsstoffen. Het is belangrijk dat je ze elke dag in de juiste verhouding binnenkrijgt.

KOOLHYDRATEN

Samen met de vetten leveren koolhydraten alle energie die we nodig hebben. Bij dagelijkse bezigheden haalt het lichaam zijn energie voor zo'n 50% uit koolhydraten. Bij iemand die fanatiek sport kan dit oplopen tot wel 90%.

Wat zijn koolhydraten eigenlijk?

Koolhydraten zijn suikers. Het lichaam 'knipt' de koolhydraten uit je voeding in kleinere suikers (meervoudige suikers) en zet deze vervolgens om in glucose, fructose en galactose (enkelvoudige suikers). Deze enkelvoudige suikers worden opgenomen in het bloed. Zo dienen suikers als brandstof voor onze cellen.

Koolhydraten zijn er in verschillende vormen. Zo zitten ze in de vorm van zetmeel onder andere in brood, aardappelen, rijst en pasta. Koolhydraten zitten ook in fruit (fructose) en in zuivelproducten (lactose). En dan is er natuurlijk nog de meest herkenbare vorm als gewone suiker (sucrose). Al deze suikers smaken verschillend en gaan anders te werk in je lichaam. Hierbij is het belangrijkste verschil de snelheid waarmee de verschillende soorten suikers in het bloed worden opgenomen.

Snelle suikers

Door een suikerklontje te eten bied je de energie op een presenteerblaadje aan. Het verwerken ervan kost je lichaam geen enkele moeite: de glucose schuift zo je bloedbaan in. Het gevolg is een hele snelle en hoge piek van energie in je lijf. Lekker! Totdat de suiker met dezelfde snelheid weer verdwijnt en je de zogenaamde suikerdip ervaart.

Trage suikers

Trage suikers zijn koolhydraten die je lichaam trager opneemt. Meestal worden deze suikers vergezeld door vetten, eiwitten of vezels. Een volkoren boterham is een voorbeeld van een trage suiker. De vezels in het brood zorgen ervoor dat koolhydraten minder snel worden omgezet in suikers en minder snel in je bloed worden opgenomen. De suikers kunnen niet direct worden verteerd, maar moeten netjes op hun beurt wachten tot ook de vezels zijn verwerkt. Dit zorgt ervoor dat de energie uit een volkoren boterham wat meer verdeeld wordt vrijgegeven. Geen sterke energiepiek, maar ook geen suikerdip!

TIP

Benieuwd welke producten snelle of langzame koolhydraten bevatten? Kijk op bladzijde 207.

WEETJE

Snelle suikers zijn niet altijd slecht voor je. Zeker als sporter kun je soms best een flinke energieboost gebruiken. Wanneer je tijdens het sporten bijna door je koolhydratenvoorraad heen bent is het weinig zinvol om een bord zilvervliesrijst te eten. Tegen de tijd dat die suikers je spieren bereiken ben je de man met de hamer al lang en breed tegengekomen. Een sportdrank of reep met een goede mix van snelle koolhydraten is dan een stuk effectiever.

SUIKERTRANSPORTERS

Suikers worden door verschillende speciale suikertransporters in het bloed opgenomen. Deze transporters kun je zien als specifieke poorten, waarbij sommige poorten nog een extra slot hebben. Zo wordt glucose vanuit de darm de darmcellen binnengelaten door poort SGLT-1, maar deze poort gaat pas open als er tegelijkertijd ook een sleutel in de vorm van zout (natrium) in de buurt is. Vandaar ook dat we in onze sportdranken en repen steeds een klein beetje zout toevoegen.

Fructose maakt gebruik van een andere transporter (zonder slot) met de naam GLUT-5. Beide poorten hebben een maximale snelheid waarmee ze de suikers kunnen transporteren. Zo kan SGLT-1 1 gram glucose per minuut transporteren en GLUT-5 0,5 gram fructose per minuut.

Je kunt dit systeem vergelijken met een draaideur. Als het rustig is kan een draaideur de stroom mensen prima verwerken. Wordt het drukker dan neemt de stroom mensen sneller toe dan de draaideur aankan. Met een beetje wringen kunnen er misschien vijf personen mee naar binnen. De rest moet buiten wachten tot de volgende ronde. Met andere woorden: eet je tijdens het sporten voornamelijk glucose dan kan de poort deze hoeveelheid glucose niet snel verwerken en moeten de glucosemoleculen wachten. Zo ontstaat er een opstopping bij de poort. En dat terwijl je tijdens het sporten juist snel je energie weer op peil wilt hebben én houden.

Tijdens inspanning is het dus verstandig om in je voeding glucose en fructose te combineren. Zo laat je beide poorten tegelijkertijd effectief werken en ontstaan er geen wachtrijen. De aangeraden verhouding tussen deze twee is twee delen glucose op één deel fructose. Op deze manier kun je in plaats van 60 gram suiker per uur wel 80 tot 90 gram suiker opnemen tijdens (duur)inspanning. Uiteraard hebben we hiermee rekening gehouden bij de recepten in dit boek. Bijvoorbeeld door fruit (fructose) te combineren met een graanstroop (glucose).

VETTEN

Vet staat niet altijd in een positief daglicht, maar het zijn niet per definitie dikmakers. Ze vervullen een aantal essentiële rollen in je lichaam. Zo zorgen ze net als de koolhydraten voor energie. Maar waar koolhydraten alleen energie leveren hebben vetten nog veel meer taken. Zo bestaan je hersenen en praktisch alle celwanden deels uit vet en is het dankzij een gezonde vetlaag dat je jezelf goed op temperatuur kunt houden. Ook om je organen ligt een vetlaag om ze te beschermen. Daarnaast spelen vetten verschillende rollen in de hormoonhuishouding.

Vet is dus wel degelijk belangrijk. Dat betekent natuurlijk niet dat je het verstandig is om je direct te vergrijpen aan een friet met en een zak chips. Niet elk vetsoort is namelijk even gezond. Een deel van de vetten in ons voedsel is zelfs zeer ongezond.

ONVERZADIGD VET

Ezelsbruggetje: **O**nverzadigd = **O**ké. Dit vet is voornamelijk van plantaardige afkomst. Onverzadigde vetten zitten onder andere in olijfolie, lijnzaad(olie), avocado en noten.

De vetten die ons lichaam echt nodig heeft kan het niet zelf maken. We moeten ze dus uit ons eten halen. Deze essentiële vetten bestaan uit twee groepen: omega 3 en omega 6. Alle andere vetten zijn niet-essentieel. We hoeven ze niet per se uit ons eten te halen, we kunnen ze ook zelf maken. Omega 3 vind je vooral in vette vis en lijnzaad. Omega 6 zit onder andere in plantaardige olie, margarine, eieren en verschillende soorten vlees.

VERZADIGD VET

Van verzadigd vet wordt je lichaam minder blij. Verzadigd = Verkeerd. Wanneer je teveel verzadigd vet binnenkrijgt, gaat het op plekken zitten waar je het liever niet wilt hebben. Zo zorgt het ervoor dat je aderen verstopt raken, waardoor het bloed niet goed meer kan doorstromen. Dit heeft vooral heel nare gevolgen wanneer de opstoppingen vlakbij je hart of hersenen zitten. Verzadigde vetten zijn vooral van dierlijke oorsprong, zoals roomboter, (volle) melk, kaas en rood vlees.

TRANSVET

Transvet is van oorsprong een onverzadigd vet, dat dankzij een industriële bewerking alle ongezonde eigenschappen krijgt van een verzadigd vet. Transvet is te vinden in allerlei bewerkte voeding, zoals koekjes, snacks en kant-en-klaar producten.

Waarom een gezond vet ombouwen tot iets ongezonds? Onverzadigde vetten zijn gezond maar hebben als vervelende eigenschap dat ze niet stevig zijn zoals de verzadigde vetten. Olijfolie is vloeibaar op kamertemperatuur. Roomboter blijft vast.

Stevige vetten zijn makkelijker te gebruiken. Om mee te bakken of je brood mee te smeren. Ook zien koekjes, taart en andere snacks er mooier uit wanneer je stevig vet gebruikt. Door onverzadigd vet te bewerken tot transvet wordt het ook stevig. Helaas kwamen onderzoekers er pas jaren na de ontdekking van deze techniek achter dat de bewerkte vetten niet alleen de stevigheid van verzadigd vet overnamen, maar ook de ongezonde eigenschappen. Sindsdien zijn er strengere regels gemaakt voor het gebruik van transvet in producten.

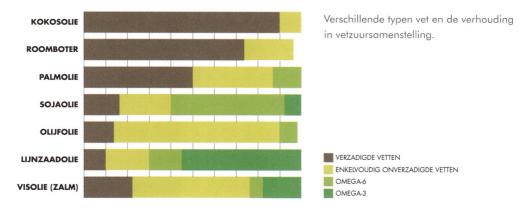

KOKOSOLIE				
ROOMBOTER				
PALMOLIE				
SOJAOLIE				
OLIJFOLIE				
LIJNZAADOLIE				
VISOLIE (ZALM)				

Verschillende typen vet en de verhouding in vetzuursamenstelling.

- VERZADIGDE VETTEN
- ENKELVOUDIG ONVERZADIGDE VETTEN
- OMEGA-6
- OMEGA-3

Bron: Whitney E. & Rolfes SR. (2013) Understanding Nutrition

TIP

Op bladzijde 231 vind je een tabel met eiwitrijke producten.

TIP

Meer diepgravende informatie over eiwitten en hoe snel je lichaam deze kan opnemen vind je op bladzijde 228.

EIWITTEN

Eiwit is in de eerste plaats een bouwstof voor het lichaam. Zo zijn spieren, cellen, haren, DNA en nog veel meer delen van het lichaam opgebouwd uit eiwitten. Eiwit kan ook als brandstof dienen, maar het lichaam gebruikt daarvoor liever koolhydraten of vetten. Om eiwit te kunnen gebruiken als brandstof moet het namelijk eerst ergens in het lichaam worden afgebroken. Dat kost extra werk en is zonde van de eiwitten. Alleen als het echt nodig is, bijvoorbeeld wanneer de koolhydraten op zijn, verbrandt het lichaam eiwitten om aan energie te komen.

Eiwitten zijn opgebouwd uit aminozuren. Dit zijn de bouwstenen die het lichaam nodig heeft. Er zijn 22 verschillende aminozuren, waarmee het lichaam honderdduizenden combinaties kan maken; voor elke functie in het lichaam een eigen bouwwerk. Negen van die 22 aminozuren kan het lichaam niet zelf aanmaken. Dit zijn de essentiële eiwitten die we net als de onverzadigde vetten uit onze voeding moet halen.

Ook spieren zijn dus opgebouwd uit eiwitten. Wanneer je je spieren traint moet je dus zorgen dat er voldoende eiwitten in je voeding zitten. Alleen zo zijn er voldoende 'stenen' voorradig om je spieren goed te laten groeien en herstellen.

BIERTJE?

Het is enorm verleidelijk om na het sporten te genieten van een koud biertje. Zeker, het werkt verfrissend, maar er kleven helaas meer nadelen dan voordelen aan die paar slokken. Na het sporten moet je lichaam herstellen, maar alcohol beïnvloedt dat herstel op een negatieve manier. Je lichaam ziet alcohol als een schadelijke stof die zo snel mogelijk moet worden afgebroken. Sneller nog dan koolhydraten, eiwitten en vetten die daardoor dus sneller als vet worden opgeslagen. Daarnaast remt alcohol de aanmaak van testosteron en anabole hormonen die helpen bij spieropbouw en -herstel.

Vul na inspanning dus eerst vocht en koolhydraten aan. De richtlijn daarbij is (afhankelijk van de duur, type sport en intensiteit) ongeveer 100 gram koolhydraten binnen de eerste twee uur na inspanning plus 1,5 x de hoeveelheid verloren vocht. Daarbij neem je eiwitten voor je spieren. Kies na het sporten dus eerst voor een hersteldrank of smoothie waarin je deze drie voedingselementen samenvoegt in één drank.

MICRONUTRIËNTEN

Onder micronutriënten vallen de vitaminen en mineralen. Ze leveren geen energie maar zijn onmisbaar voor heel veel functies in ons lichaam. Ook al hebben we er maar kleine hoeveelheden van nodig, sommige vitaminen moet je elke dag binnen krijgen om geen tekorten op te lopen. Gelukkig loopt dat bij de meeste mensen niet zo'n vaart. Wanneer de basisvoeding in orde is heb je in principe geen extra vitaminen of mineralen als supplement nodig. Soms hebben sporters baat bij een extra dosis vitaminen, maar dat betekent niet automatisch dat ze supplementen moeten slikken. Omdat sporters vaak ook meer eten, krijgen ze automatisch ook meer micronutriënten binnen. Hieronder een overzicht van de vitaminen en mineralen die extra aandacht verdienen wanneer je een actief leven leidt.

B-VITAMINEN

B-vitaminen spelen een belangrijke rol in de energiestofwisseling. Om de energie uit koolhydraten, vetten en eiwitten te kunnen gebruiken heb je B-vitaminen nodig. Extra belangrijk zijn vitamine B1, B2, B3 en B6. Deze spelen de grootste rol bij het omzetten van energie wanneer je actief bent. Dit zijn ook meteen de enige vitaminen waarvoor een aparte richtlijn is voor sporters.

VITAMINE D

Een tekort aan vitamine D kan onder meer voor zwakke botten zorgen. Voor sporters is vitamine D extra belangrijk omdat het ook een functie heeft in de samentrekking van je spieren. Vitamine D is de enige vitamine die we ook binnen krijgen wanneer we buiten in de zon lopen. Mensen die niet veel buiten komen of die een donker getinte huid hebben lopen een groter risico op een tekort aan vitamine D.

MAGNESIUM

Magnesium speelt ook een belangrijke rol bij het aanspannen van je spieren. Een magnesiumtekort kan zorgen voor spierkrampen. Sporters die vaak last hebben van kramp doen er dan ook goed aan om (onder andere) hun magnesiumwaarden te laten nakijken.

TIP

Wat gebeurt er als je teveel vitaminen inneemt?
Of als je een ijzertekort hebt? Lees hier meer
over op bladzijde 204 en 205.

CALCIUM

Calcium zorgt voor stevige botten. Ook is calcium betrokken bij het aanspannen
van je spieren en de geleiding van je zenuwen. Samen met vitamine D en magnesium speelt het een grote rol in het goed functioneren van je motorieke stelsel.

Je lichaam houdt de hoeveelheid calcium in je bloed zeer nauwkeurig in de
gaten en zorgt dat deze altijd in balans is. Een klein tekort of overschot van
calcium in je bloed kan al zorgen voor ernstige stuiptrekkingen en krampen.
Bij een tekort aan calcium in het bloed haalt je lichaam direct calcium uit je botten. Een calciumoverschot wordt juist gebruikt om stukjes bot bij te maken. Op
die manier is er altijd de juiste balans in je bloed en blijf je goed functioneren.

Een calciumtekort zal dan ook nooit in je bloed naar voren komen. Dat betekent
ook dat een calciumtekort soms pas na jaren aan het licht komt, omdat je botten heel langzaam steeds een beetje brozer worden.

NATRIUM EN KALIUM

De mineralen natrium en kalium zijn samen verantwoordelijk voor de vochtbalans in je lichaam. Verder zijn beide mineralen noodzakelijk voor het samentrekken van de spieren en de energiehuishouding in de spieren.

Zonder intensieve inspanning loop je niet snel een natriumtekort op. Natrium is
een onderdeel van zout en daar krijgen de meeste mensen (meer dan) genoeg
van binnen. Ook kalium bevindt zich in ruime mate in onze basisvoeding. Fanatieke sporters lopen wel een risico op een natriumtekort. Als je veel zweet verlies
je namelijk veel natrium.

IJZER

IJzer is onder andere verantwoordelijk voor het transporteren van zuurstof door
je lichaam. Bij een ijzertekort functioneert dit systeem minder goed en kan je
prestatie flink afnemen. Klachten die kunnen ontstaan bij een ijzertekort zijn
onder andere versnelling van hartslag, vermoeidheid, gebrek aan eetlust en
spierkramp.

BOTONTKALKING

Sporters in gewichtsklassen
of esthetische sporters
zoals turnsters en ballet-
dansers hebben een
verhoogde kans op
botontkalking. Dit wordt
veroorzaakt doordat
in (meerdere) langere
periode(s) een negatieve
energiebalans is ontstaan.
Hierdoor ontstaan er
tekorten aan voedingsstoffen, waaronder calcium.

Als er te weinig calcium
in je bloed zit, haalt je
lichaam calcium uit je botten. Hierbij worden kleine
stukjes bot afgebroken.
Dit wordt osteoporose ge-
noemd. Of eenvoudiger:
botontkalking. Je botten
worden brozer en de dicht-
heid wordt lager met als
gevolg dat je op je 25e al
een botdichtheid hebt van
iemand van 80. Gevaar-
lijk, want je bent hierdoor
gevoeliger voor stressfrac-
turen en blessures en je
prestaties nemen af.

7.2 ENERGIE

Om te kunnen bewegen en sporten heb je energie nodig. Energie haal je uit voeding en is onder te verdelen in koolhydraten, eiwitten, vetten en vezels. De energie uit de macronutriënten in voeding wordt uitgedrukt in kilocalorieën (kcal). Zo levert een gram koolhydraten en een gram eiwit vier kcal op, een gram vet negen kcal en een gram vezels twee kcal.

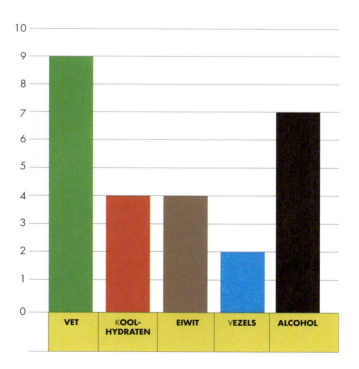

KCAL

De hoeveelheid energie (kcal) die voedingsstoffen per gram leveren

ENERGIEOPSLAG

Energie die je lichaam niet gelijk verbruikt wordt opgeslagen. De allergrootste energieopslag is het vetweefsel. Met een gemiddelde vetvoorraad van tien kilo kun je in theorie 120 uur hardlopen op marathon wedstrijdtempo zonder tussendoor iets te hoeven eten.

GLYCOGEEN

Energie wordt opgeslagen in je spieren en lever in de vorm van glycogeen. Glycogeen kun je zien als een ketting van aaneengeschakelde glucosemoleculen. Als je energie nodig hebt, bijvoorbeeld tijdens het sporten, wordt glycogeen afgebroken. De energievoorraad wordt dus kleiner en moet worden aangevuld.

Waar we met onze vetvoorraad wel even vooruit kunnen, hebben we van glycogeen niet veel reserves. Al na één dag vasten is de voorraad helemaal opgebruikt. Als je sport gaat het nog veel sneller: je reserve is genoeg voor gemiddeld 90 minuten intensief sporten. Hierna schakelt je lichaam over op andere (nood)brandstoffen. Dat betekent in de eerste plaats dat je lichaam meer vet gaat verbanden.

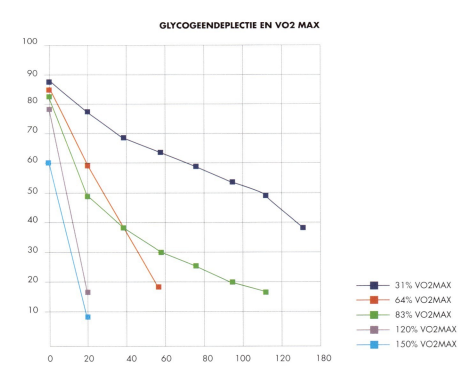

De VO$_2$max is je maximale zuurstofopname en zegt iets over je conditie. Hoe hoger je VO$_2$max, hoe groter je talent voor duurinspanning. Het percentage van je VO$_2$max dat je voor langere tijd kunt volhouden is te trainen. In deze grafiek zie je hoe lang je op welke intensiteit met de glycogeenvoorraad vooruit kunt. Waar je bij 31% nog uren door kunt gaan ben je boven de 64% binnen een uur door je glycogeenvoorraad heen. Op is op.

Bron: Gollnick, P.D., Piehl, K., Saltin, B. (1974)

WEETJE

In rust adem je zes tot acht liter lucht per minuut in en uit. Tijdens intensief sporten kan dit oplopen tot ruim tweehonderd liter per minuut.

WEETJE

In het Frans wordt de hongerklop 'fringale' genoemd. Een goede naam voor een eetgelegenheid, volgens veel Fransen. Er zijn heel wat restaurants in Frankrijk met de naam Fringale.

ENERGIEOPSLAG IN HET LICHAAM	GEWICHT (GRAM)	ENERGIE (KCAL)
LEVERGLYCOGEEN	110	451
SPIERGLYCOGEEN	250	1025
BLOEDGLUCOSE	15	62
VETWEEFSEL	7800	70980
VET IN SPIERWEEFSEL	161	1465

Energievoorraad in het lichaam van een persoon van 65 kilogram met een vetpercentage van 12 procent

ENERGIESYSTEMEN IN JE LICHAAM

De energie die spieren nodig hebben om te bewegen wordt geleverd door ATP, een fosfaat dat altijd in de spiercel aanwezig is. Er is maar een zeer beperkte hoeveelheid ATP aanwezig in de spiercel. Als er veel energie nodig is, bijvoorbeeld tijdens een krachtige spiercontrac- tie, is het ATP snel op. Gelukkig zijn er allerlei energiesystemen actief in de spier die erop gericht zijn de ATP-voorraad steeds aan te vullen. Die energiesystemen gebruiken op hun beurt weer brandstof en dat zijn de koolhydraten, vetten en eiwitten die we eten. Grofweg kun je de energiesystemen indelen in het fosfaatsysteem, het anaerobe systeem en het aerobe systeem.

Het fosfaatsysteem levert ATP door een ander fosfaat, CP, af te breken waarbij ATP vrij- komt. CP is ook aanwezig in de spiercel en kan snel energie leveren voor ongeveer 20 seconden. De snelle spiervezels van het type 2b waarover je op bladzijde 184 meer kunt lezen, maken gebruik van dit systeem. Het fosfaatsysteem is bijvoorbeeld actief als je een sprintje moet trekken om de bus te halen. Ook als je niet voldoende suikers hebt gegeten en die voorraad zo goed als leeg is, kun je zo'n sprintje nog doen.

Het anaerobe systeem maakt gebruik van het afbreken van koolhydraat, waardoor nieuwe ATP wordt gevormd. Een restproduct van dit systeem is melkzuur. Snelle spiervezels van het type 2a en 2b maken gebruik van dit systeem. Je hebt het nodig als je een zware in- spanning doet tussen 20 seconden en enkele uren, dus bij bijna alle sportieve activiteit! Het melkzuur dat overblijft als je dit systeem gebruikt, wordt op andere plekken in het lichaam weer gebruikt als brandstof voor het aerobe systeem.

Het aerobe systeem gebruikt zowel koolhydraten en vetten als brandstof om ATP te vormen. Het systeem komt langzaam op gang en wordt dus vooral gebruikt bij langere in- spanning. De voorraad koolhydraat in het lichaam is genoeg om minstens 1,5 uur energie te leveren, afhankelijk van de intensiteit van de inspanning. Als koolhydraat ook wordt gebruikt in het anaerobe systeem (dat veel minder efficiënt is) is de koolhydraatvoorraad snel op. Gelukkig is de vetvoorraad voldoende om dagen actief te blijven. De trage spier- vezels van het type 1 maken gebruik van dit systeem.

Hieruit kun je afleiden dat koolhydraat een belangrijke brandstof is bij alle sporten die zich qua intensiteit ergens op het spectrum bevinden tussen een enkele sprint van 100 meter en een rustige wandeling met de hond. Een goedgetrainde, getalenteerde duursporter kan nog heel snel fietsen of hardlopen met een geringe koolhydraatvoorraad, omdat zo'n sporter een ontzettend goed getraind aeroob energiesysteem heeft dat voor het grootste deel draait op vetverbranding. Maar de gewone vrijetijdssporter moet bij een matige inspanning zijn koolhydraten al inschakelen en zelfs al spoedig het anaerobe energiesysteem gebruiken dat ook nog eens heel inefficiënt koolhydraten inzet voor het leveren van energie. Het is op voor je het weet. Regelmatig aanvullen van koolhydraten is het devies. En precies daarover lees je dus veel in dit boek.

Als het toch zover is dat je koolhydraatvoorraad leeg raakt voel je onmiddellijk dat je niet meer op het niveau kunt sporten dat je vlak daarvoor nog zonder moeite kon volhouden. Je raakt sneller vermoeid, gaat zwaarder ademen en soms raak je zelfs lichtjes gedesoriënteerd. Dit fenomeen wordt door (duur)sporters omschreven als de man met de hamer of de hongerklop oftewel: glycogeendepletie. Op dit moment is de energievoorraad van koolhydraten uitgeput waardoor de snelle spiervezels van zowel type 2a als 2b geen energie meer hebben. Alles dat boven wandeltempo is, voelt als een intensieve eindsprint.

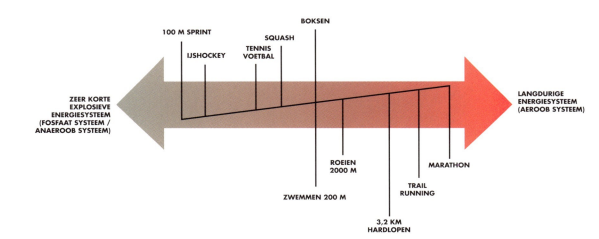

Het energiesysteem dat het meest wordt aangesproken verschilt per sport.

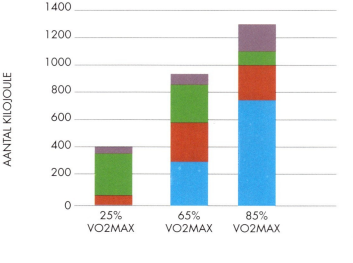

HERSTEL

Tot nu toe hebben we het steeds over energie gehad die nodig is om te bewegen. Maar ná het sporten moet het vizier zijn gericht op het opslaan van energie, in plaats van het vrijmaken ervan. Op dit moment maak je dus andere voedingskeuzes dan vóór de inspanning. Het vrijmaken van energie wordt ook wel een kataboolproces genoemd, het opslaan van energie een anabool proces.

Om die twee processen te verduidelijken kun je cafeïne als voorbeeld nemen. Van cafeïne is bekend dat het een positief effect kan hebben op de sportprestatie, omdat het de vetverbranding stimuleert. Daardoor maak je tijdens het sporten langer gebruik van het aerobe energiesysteem met vetten als brandstof. Zo kun je de koolhydraatvoorraad sparen. Een kopje koffie voor de hardloopwedstrijd kan dus een positief effect hebben; het maakt het vrijmaken van energie efficiënter. Vandaar dat van cafeïne wordt gezegd dat het een katabole werking heeft.

Na de inspanning staan anabole processen centraal: je moet herstellen door opnieuw energie op te slaan. Aangezien cafeïne een stimulerende werking heeft op het vrijmaken van energie werkt het dus contraproductief na inspanning. De kop koffie na een fietstoertocht kun je daarom beter laten staan en de voorkeur geven aan koolhydraten in combinatie met snelle eiwitten en vocht. Zo vul je het verloren vocht, de elektrolyten en de glycogeenvoorraad weer aan en kunnen de spieren optimaal herstellen.

Zo vind je in dit boek verschillende adviezen voor op verschillende momenten, onder meer doordat je soms het vrijmaken van energie voor ogen hebt, maar soms ook juist energie wilt opslaan om het herstelproces te bespoedigen.

UIT DE PRAKTIJK

Karin: "Herstellen voelt niet fijn! Dansen en sporten vind ik heerlijk. Ik ben echt bewegingsverslaafd. Al is het af en toe natuurlijk ook afzien. Bijvoorbeeld bij het aanleren van een nieuwe choreografie. Dagen achter elkaar maken we meerdere uren aaneengesloten een ontelbare reeks nieuwe explosieve bewegingen. Alle mogelijke spiergroepen worden aangesproken, alle energiesystemen worden gebruikt.

Spierpijn is vervelend, maar vind ik nooit zo erg. Er is tenslotte hard gewerkt. Maar herstel is een ander verhaal. Na een zware trainingssessie of -periode voelt mijn hele lichaam moe en zwaar aan. Het moet écht herstellen. Omdat er allerlei opbouwende processen en herstelwerkzaamheden gaande zijn, kan ik me in die periode echt heel naar voelen.

Toch is herstel nét zo belangrijk als het trainen zelf. Het is dus essentieel om die herstelmomenten te accepteren door de juiste voeding te nemen en op de goede momenten rust te houden. Zo verdwijnt het nare gevoel vrij snel weer en vaak presteer ik daarna juist beter."

KOOLHYDRAATSTAPELEN

Er is er een manier om langer met je glycogeenvoorraad vooruit te kunnen. Dat kun je doen door koolhydraten te stapelen. Als je je op de juiste manier voorbereid kun je je voorraad zelfs (bijna) verdubbelen. Dit is erg handig als je tijdens het sporten moeite hebt om 60 gram koolhydraten per uur te eten of drinken. Of wanneer je de inspanning meerdere uren moet volhouden op hoge intensiteit.

In de jaren 60 is ontdekt dat het mogelijk is om de glycogeenvoorraad in de spieren te vergroten. In eerste instantie werd gedacht dat dit alleen mogelijk was door de voorraad eerst volledig uit te putten. Bijvoorbeeld door eerst een aantal dagen zeer intensief te sporten en weinig koolhydraten te eten, om vervolgens een aantal dagen de koolhydraatinname fors te verhogen. Later werd ontdekt dat het eerste deel ook achterwege gelaten kan worden. Een verhoging van de koolhydraatinname enkele dagen voor de wedstrijd werkt ook prima. Dit is een stuk aangenamer, omdat je niet intensief hoeft te trainen op een lage energie-inname.

RICHTLIJNEN KOOLHYDRAATSTAPELEN

- Start drie dagen voor de wedstrijd.
- Extra koolhydraatinname per dag: 10 tot 12 gram koolhydraten per kg lichaamsgewicht.
- Breng de trainingsintensiteit omlaag tot bijna rust.

In de praktijk houdt dit in dat een sporter van 70 kg per dag 700 tot 840 gram koolhydraten moet innemen. Dit is een behoorlijke hoeveelheid! Dit is best lastig, maar is zeker te trainen. Wees wel zuinig met vetten en vezels. Vetten leveren veel extra calorieën en vezels geven een verzadigd gevoel. Iets wat bij het eten van deze hoeveelheden koolhydraten niet echt wenselijk is.

Deze methode is alleen zinvol wanneer de inspanning langer dan 90 minuten zal duren. Bij kortere inspanningen heeft het geen zin om de glycogeenvoorraad extra aan te vullen. Dit leidt enkel tot extra gewichtstoename.

Tijdens het koolhydraatstapelen zal je gewicht toenemen. Elke gram glycogeen houdt namelijk 2,7 ml vocht vast, waardoor je zo'n twee kilo zwaarder kunt worden. Deze extra hoeveelheid vocht komt tijdens de inspanning weer vrij. Je bent dus zo weer van die twee kilo af.

TRAINING LOW - COMPETING HIGH

Een andere manier om de glycogeenvoorraad te sparen tijdens inspanning is het 'train low - compete high' principe. Verschillende studies laten zien dat wanneer je traint met een lage glycogeenvoorraad, bijvoorbeeld door te sporten op een lege maag, je je lichaam kunt trainen om efficiënter vet te verbranden. Vervolgens eet je voor je duurevent wel de nodige koolhydraten, zodat je met een goed gevulde glycogeenvoorraad van start gaat. Omdat je lichaam nu efficiënter vet verbrandt zal je lichaam spaarzamer omgaan met de koolhydraten. Hierdoor kun je langer vooruit en verbetert je prestatie.

Let op: deze manier van trainen is vooral geschikt voor lange duurinspanningen zoals triatlon, marathon en wielrennen. Bij korte, intensieve of explosieve inspanningen wordt geen prestatieverbetering gezien. Bij krachtsporten wordt het zelfs afgeraden. Het (gedeeltelijk) legen van de glycogeenvoorraad heeft namelijk een negatieve invloed op de spiereiwitsynthese. Dit wil een krachtsporter juist voorkomen.

VOORBEELDEN VAN TRAININGEN VOLGENS DIT PRINCIPE

- Er wordt eerst een matige inspanning uitgevoerd die 30 tot 60 minuten duurt. Hierbij worden er geen koolhydraten ingenomen. Op die manier leeg je een deel van je glycogeenvoorraad. Daarna voer je direct of na één tot drie uur een tweede training uit. In het ideale geval een training met een hoge intensiteit, waardoor je lichaam effectiever vet leert verbranden om de energie te krijgen die het nodig heeft.
- 's Ochtends vroeg trainen op een lege maag: 'nuchter trainen'.
- Een voedingspatroon met minder koolhydraten, dus meer eiwitten en vetten.

7.3
SPIEREN

Ieder lichaam is uniek en zit anders in elkaar. De één is breed en gespierd, de ander heeft een slankere lichaamsbouw. Hoe je eruit ziet en met welke spieren je wordt geboren wordt voor een groot gedeelte bepaald door je genen.

TRAGE & SNELLE SPIERVEZELS

De spieren in het lichaam kun je indelen in snelle spiervezels (fast-twitch muscle fibers) en langzame spiervezels (slow-twitch muscle fibers). De snelle vezels kun je ook weer verdelen in twee soorten, zodat je op een totaal van drie categorieën komt. Het belangrijkste verschil tussen de drie soorten vezels is de snelheid waarmee ze samentrekken.

TRAGE SPIERVEZELS:
*   TYPE 1: ook wel de rode spiervezels genoemd. Deze gebruik je tijdens een inspanning waarbij je weinig kracht zet. Type 1 vezels bevatten veel mitochondriën, hebben een hoge intensieve doorbloeding door de vele bloedvaatjes en kunnen daardoor uren door werken. Je gebruikt ze bijvoorbeeld als je de Nijmeegse vierdaagse loopt.

Mitochondriën zijn de energiecentrales van je cellen. Ze zetten energie uit voeding om in een vorm die de cel (en dus het lichaam) kan gebruiken om allerlei functies uit te voeren, zoals bewegen of groeien.

SNELLE SPIERVEZELS:
*   TYPE 2A: ook we de roze spiervezels genoemd. Deze vezels worden gebruikt bij medium krachtinspanningen van vijf tot dertig minuten. Hier vallen alle bewegingen onder die tussen 1 (rustig) en 2b (explosief) in zitten.
*   TYPE 2B: ook wel de witte spiervezels genoemd. Deze spiervezels leveren explosieve kracht. Ze bevatten weinig mitochondriën, en kunnen daardoor deze kracht maar voor korte tijd volhouden, maximaal een minuut (ongeveer). Een voorbeeld van een sport waarbij je deze vezels gebruikt is kogelstoten.

VERZURING, MELKZUUR & SPIERPIJN

Het is de nachtmerrie van elke sporter: je bent net lekker fanatiek bezig en
plotsklaps voel je dat je spieren zwaar worden en verzuren. Ai! Je voelt pijn in
de spieren en meestal ben je gedwongen direct te stoppen. Verzuurde spieren
kunnen nou eenmaal minder goed gebruikt worden, de kracht vloeit als het
ware weg.

Verzuring ontstaat wanneer er met zo'n hoge intensiteit wordt gesport, dat je
lichaam de tussenstoffen die je spieren aanmaken niet goed meer kan afvoeren.
Bij een beweging met lage intensiteit, zoals wandelen, gebruiken we trage spiervezels. Deze spiervezels gebruiken vet als voornaamste energiebron. Wanneer
de beweging intensiever wordt, bijvoorbeeld als je van wandelen overgaat naar
joggen, gaan de snelle spiervezels de trage meehelpen om de arbeid te kunnen
leveren.

Snelle vezels hebben glucose als favoriete energiebron. Bij de afbraak van
glucose in de spieren blijft er lactaatzuur (in de volksmond: melkzuur) over.
Dit lactaatzuur valt uiteen in lactaat en waterstofionen (H+). Hoe meer glucose
er verbrand wordt, hoe meer lactaatzuur en dus lactaat er wordt geproduceerd.
Bij voldoende aanwezigheid van zuurstof (tijdens matig intensieve inspanning)
wordt dit lactaat afgebroken en omgezet in glucose. Zo kan het weer gebruikt
worden om energie te leveren.

Bij intensieve inspanning, waarbij er op een hoog tempo glucose wordt verbruikt, wordt er meer lactaat geproduceerd dan er kan worden afgebroken en
omgezet. Denk maar eens aan een kraan boven een gootsteen. Draai je de
kraan een beetje open, dan stroomt het water heel makkelijk weg. Hoe verder
je de kraan opendraait, hoe minder makkelijk het water wegstroomt. Zet je de
kraan maximaal open, dan kan de gootsteen de hoeveelheid water niet meer
verwerken en stroomt de boel over.

TIP

Kijk op bladzijde 195 voor een hartslag-
berekening.

In de spieren werkt het net zo. Wanneer de concentratie lactaat in actieve spieren toeneemt, wordt het door trage spiervezels weer gebruikt als bron van energie waardoor het
lactaat weer wordt weggewerkt. Tijdens een steeds intensiever wordende inspanning wordt
de hoeveelheid lactaatzuur zo groot dat de trage spiervezels het lactaat niet meer kunnen
verwerken. Het milieu in en tussen de spiercellen verzuurt, waardoor een aantal belangrijke
processen in het lichaam (zoals de overdracht van elektrische signalen in de zenuwen en
cellen) wordt belemmerd.

Ook de spiercontractie (het samentrekken van de spiervezels) wordt geremd in het zure
milieu. Je merkt dit doordat je begint hijgen (de verzuring adem je uit in de vorm van CO_2)
en doordat je de neiging hebt met de inspanning te stoppen. Die behoefte wordt steeds
sterker tot hij echt niet meer is te negeren.

Na een zware inspanning waarbij zich veel lactaatzuur heeft opgehoopt is lichte belasting
de beste manier om zo snel mogelijk van dit lactaat af te komen. Dit kan door een goede
cooling-down te doen. Bijvoorbeeld door rustig na te joggen of een stuk uit te fietsen. Dus:
blijven bewegen en niet steunend op je knieën vooroverhangen.

Dat lactaat of waterstofionen zorgen voor kramp of spierpijn is een veelgemaakte misvat-
ting. De afbraak van waterstofionen gebeurt vrij snel na het stoppen van de inspanning.
Spierpijn ontstaat door kleine spierscheurtjes als gevolg van training. Deze pijn treedt
pas later op, gemiddeld 24 tot 48 uur nadat de zware inspanning is geleverd. Dit is een
duidelijk verschil met verzuurde spieren: daarbij treedt de pijn vrijwel direct op, terwijl je nog
bezig bent. Het herstelproces van kleine spierscheurtjes kost helaas vaak wel even tijd. Soms
kun je drie of vier dagen na de inspanning nog steeds last hebben van spierpijn.

WARMING UP - COOLING DOWN

Een goede warming-up kan blessures voorkomen en bereidt je spieren voor op de training.
Hoe je het beste op kunt warmen verschilt per type sport én per sporter. Waarom het werkt?
Je lichaamstemperatuur en hartfrequentie gaan omhoog. Hierdoor ontstaat er een betere
doorbloeding en zuurstoftransport in het lichaam en spieren. De soepelheid van de spieren
neemt toe, waardoor de weerstand tegen rek afneemt. De kans op blessures neemt af.

ER BESTAAN TWEE SOORTEN WARMING-UP:

- De passieve warming-up, waarbij het lichaam van buitenaf wordt verwarmd. Dit helpt voornamelijk bij explosieve (minder dan tien seconden) en korte (van tien seconden tot vijf minuten) prestaties.
- De actieve warming-up, waarbij je je lichaamstemperatuur laat stijgen door je eigen spieractiviteit. Bijvoorbeeld door rustig te joggen of met kleine gewichten alle spiergroepen af te gaan.

Een warming-up hoeft maar heel kort te duren, ongeveer 15 tot 25 minuten. Het is natuurlijk niet de bedoeling dat je vermoeid raakt op pijn voelt tijdens een warming-up. Het gaat erom dat je bewegingen doet die je tijdens het sporten daarna ook zult uitvoeren. Een goede warming-up voor iemand die hockey speelt bestaat bijvoorbeeld uit:

- Rustig inlopen / warmlopen.
  Duur: tien minuten.
- Uitvoeren van wat dynamische rekoefeningen zonder hockeystick of bal. Daarmee maak je de spieren los en oefen je de uiterste bewegingen van je gewrichten door bijvoorbeeld specifieke hockeybewegingen te maken (dit kan zonder stick of bal).
  Duur: vijf minuten.
- Doe een aantal oefeningen met de hockeystick en bal. Let op dat je technische uitvoering goed is.
  Duur: vijf minuten.
- Als laatste maak je een aantal maximale explosieve bewegingen. Trek een snelle sprint, spring zo hoog je kunt of sla de bal een aantal keer met maximale kracht.
  Duur: vijf minuten.
- Trek iets warms aan om je spieren warm te houden en neem een kort rustmoment voordat de training of wedstrijd begint.
  Duur: vijf tot vijftien minuten.

COOLING-DOWN

Cooling-down houdt letterlijk in dat je je lijf laat afkoelen na inspanning. Hiermee breng je de hartfrequentie en ademhaling weer terug naar normaal. De bekendste vorm van cooling-down is actief herstel. Dit is een korte periode van vijf tot vijftien minuten (afhankelijk van wat je net hebt gedaan) waarbij de sporter na inspanning bijvoorbeeld een stukje uitloopt of uitfietst en eventueel rekoefeningen doet nu de spieren nog warm en goed doorbloed zijn.

REKKEN EN STREKKEN ALS EEN BALLERINA

Veel sporters rekken als onderdeel van hun warming-up of cooling-down, maar als je lichaam en je spieren (nog) niet warm, doorbloed en soepel zijn is dit niet altijd nuttig.
Rekken na een training of warming-up kan wel nuttig zijn, al mag rekken nooit pijn doen!

ER ZIJN TWEE VORMEN VAN REKKEN:

• Dynamisch rekken: ook wel verend rekken genoemd. Je neemt een rekkende positie aan en maakt rustig en voorzichtig verende bewegingen terwijl je rustig in en uit ademt.
• Statisch rekken: als de hoek van je gewrichten tijdens het rekken niet verandert en de weerstand van de spiergroep langzaam afneemt. Je rekt in één positie en beweegt niet. Je ademt goed door en probeert zoveel mogelijk te ontspannen.

Als je een spier rekt neemt de lengte en de beweeglijkheid toe, maar de kracht neemt iets af. Voor meer lengte in je spieren moet je regelmatig voor langere tijd je spieren rekken. Bijvoorbeeld drie keer per week na het sporten, waarin je elke rekpositie 30 tot 60 seconden aanhoudt. Rekken is dus prima als beweeglijkheid een belangrijke factor is voor het leveren van een goede prestatie. Dit is bijvoorbeeld bij dansen of turnen het geval. Als je stopt met regelmatig rekken neemt je beweeglijkheid in de loop van de tijd weer af.

7.4
BEREKENINGEN

Wie fanatiek sport, verbruikt veel energie. Energie die je binnenkrijgt via je voeding. Als je meer binnen krijgt dan je inneemt, dan is je energiebalans positief en kom je aan in gewicht. Als je minder eet dan je verbruikt is je energiebalans negatief en val je juist af. Voor sporters is het belangrijk dat inname en verbruik in balans zijn, zodat er geen tekorten of overschotten ontstaan.

BEREKEN JE ENERGIEVERBRUIK

Het is interessant om te berekenen hoeveel energie je per dag verbruikt. Zo weet je namelijk hoeveel energie in kcal je nodig hebt. Zo kom je niets tekort en kun je optimaal presteren. Ben je dol op cijfers? Dan kom je hier aan je trekken!

Je totale energieverbruik wordt TEE (Total Energy Expenditure) genoemd. De TEE is afhankelijk van drie verschillende factoren:

- Het basismetabolisme (BMR). Dit is de hoeveelheid energie die je verbruikt in rust. Ook ademhalen en bloed rondpompen kost tenslotte energie.
- De fysieke activiteit: dit kun je schatten met een PAL-waarde.
- De energie die je lichaam nodig heeft om eten te verteren: TEF (Thermic Effect of Food).

STAP 1: BEREKEN JE BMR

De BMR kun je berekenen met de herziende Harris & Benedict formule uit 1984. Dit is de meest gebruikte formule om het BMR van een persoon te berekenen.

Mannen:
(13,397 x gewicht (kg)) + (4,799 x lengte (cm)) - (5,677 x leeftijd) + 88,362
Vrouwen:
(9,247 x gewicht (kg)) + (3,098 x lengte (cm)) - (4,33 x leeftijd) + 477,593

Kijk op de volgende bladzijde voor een voorbeeldberekening.

STAP 2: BEPAAL JE PAL-WAARDE

Hoe actiever je bent, hoe hoger je PAL-waarde is (en hoe meer energie je dagelijks verbruikt). De PAL-waarde wordt ook wel activiteitentoeslag genoemd.

Werk / leefstijl	PAL-waarde
Zittend werk / veel liggen in vrije tijd	1,0 tot 1,3
Zittend werk zonder onderbrekingen en weinig beweging in vrije tijd	1,4 of 1,5
Zittend werk afgewisseld met rondlopen en matige beweging in vrije tijd	1,6 of 1,7
Staand werk	1,8 of 1,9
Werk dat fysiek belastend is	2
Extreem zwaar fysiek belastend werk (hoogst gemeten PAL-waarde)	5

STAP 3: BEREKEN JE TEE

TEE = BMR x PAL-waarde

MET

In de sportwereld wordt naast de PAL-waarde gebruik gemaakt van METs. De MET van lichamelijke activiteiten varieert van 0,9 MET (bij slaap) tot 18 METs (bij zware inspanning).

Stel, je hebt 1 uur getennist. In tabel 06 vind je dan een MET van 7.
1 uur x 7 METs x je gewicht in kg = A (verbruikte kcal)

Vervolgens bereken je de TEE zonder dat uur tennissen:

TEE (BMR x PAL)

$$\frac{\text{TEE (BMR x PAL)}}{24 \text{ uur}} = B \times 23 \text{ uur} = C$$

Dan: A + C = D Klaar! D is je TEE, inclusief het uur tennissen.

Meer info over METs vind je online via de site van Compendium of Physical Activities. Daar zijn nog veel meer waardes terug te vinden, zoals het aantal METs voor vissen en darten en zelfs voor schoenen poetsen en spelen met de hond.

Voorbeeldberekening energieverbruik

Leonie is 34 jaar, 173 cm en 65 kilo. Ze heeft vandaag niet gesport, heeft zittend werk zonder onderbrekingen en weinig bewogen in haar vrije uren.

Stap 1: Berekenen van Leonie's BMR
(9,247 x gewicht (kg)) + (3,098 x lengte (cm)) - (4,33 x leeftijd) + 477,593
(9,247 x 65) + (3,098 x 173) - (4,33 x 34) + 477,593 = 1467,382

De BMR van Leonie is 1467 kcal

Stap 2: Bepalen van Leonie's activiteitentoeslag: PAL-waarde voor licht actief: 1,4

Stap 3: Bereken de TEE
1467 x 1,4 (PAL-waarde voor licht actief) = 2054
Leonie's TEE op deze dag is 2054 kcal per dag

Stel dat Leonie wél heeft gesport. Ze heeft vandaag 100 minuten getennist. In tabel 6 vind je een MET-waarde van 7 bij tennissen. De berekening gaat dan als volgt. Het aantal minuten dat Leonie gesport heeft wil je omrekenen naar uur:100 minuten = 1,67 uur

Vervolgens vermenigvuldig je het aantal uur met het aantal MET en haar gewicht:
1,67 x 7 MET x 65 kg = 758 kcal.

Nu heb je berekend wat Leonie heeft verbruikt bij het tennissen. Nu moet je alleen haar TEE over de 100 minuten van de TEE over 24 uur nog aftrekken, anders tel je rustmetabolisme en inspanning dubbelop:
2054 kcal x (22,33/24) = 143 kcal.
TEE over 22,33 uur = 1911 kcal.

Laatste stap:
Je telt nu bij de TEE voor 22,333 uur het aantal kcal op dat Leonie verbruikt heeft met tennissen:
1911 + 758 = 2669 kcal

MET-WAARDE TABEL

ACTIVITEIT	METS
Aerobics (high impact), Steps	8,5
Aerobics (low impact)	6,5
Backpacken	7
Badminton	5,5
Ballet, Moderne dans (voorstelling)	8
Ballet, Moderne dans, Jazz	5
Ballroom	5,5
Basketbal	7
Bergbeklimmen (gemiddeld)	5,8
BMX	8,5
Boksen (sparren)	7,8
Fietsen (met een redlijk tempo)	5,8
Golfen	4,3
Gymnastiek	3,8
Handbal	8
Hardlopen (13 km/uur)	11,8
Hardlopen (16 km uur)	14,5
Hardlopen (8 km/uur)	8,3
Hockey	7,8
Judo, Karate	10,3
Kanoën (gemiddeld)	5,8
Marathon (gemiddeld)	13,3
Paardrijden	5,5
Pilates, Yoga	3
Roeien	8,5
Schaatsen (gemiddeld)	9,8
Softbal	6
Stretchen	2,3
Surfen	5
Synchroonzwemmen	8
Tennis	7
Touwtje springen	11
Turnen	8
Voetbal	8
Volleybal	6
Wandelen	2,5
Wandelen (stevig)	4,5
Waterpolo	10
Wielrennen	14
Zwemmen (gemiddeld)	5,8
Zwemmen (open water competitie)	9,8

SWEAT RATE CALCULATIE

Na het sporten moet je 150% van het verloren vocht drinken om de vochtbalans volledig
te herstellen. In dit hoofdstuk lees je hoe je kunt berekenen hoeveel vocht je hebt verloren
tijdens het sporten. Op die manier kom je dus ook te weten hoeveel je na afloop moet
drinken om al het vocht weer aan te vullen. Wegen is weten in dit geval. Algemene richtlijnen zijn er niet, omdat het vochtverlies sterk individueel bepaald is. Getraindheid speelt
hierbij een rol, maar het is vooral een kwestie van aanleg.

Je vochtverlies kun je berekenen met de zogeheten sweat rate calculatie. Daarvoor heb je
de volgende gegevens nodig:
- Je gewicht voor het sporten (gewogen zonder kleding).
- Hoeveelheid vocht dat je gedronken hebt tijdens het sporten.
- Je gewicht na het sporten (gewogen zonder kleding).

VOORBEELDBEREKENING

Inspanning:	60 minuten wielrennen
Gewicht voor inspanning:	57,4 kg
Gewicht na inspanning:	57 kg
Vochtverlies netto is	*57,4 - 57 = 400 g (is ongeveer 400ml)*
Gedronken vocht tijdens inspanning:	650 ml
Vochtverlies totaal is	*400 + 650 = 1050 ml*
Drinkadvies:	1050 x 1,5 (dit is die 150%) = 1575 ml

Deze 1575 ml is de hoeveelheid vocht die je binnen een uur na afloop moet drinken om je
vochtverlies aan te vullen. Dit klinkt niet alleen veel, dat is het ook. De meeste sporters vinden het dan ook lastig om echt aan deze richtlijn te voldoen. Het helpt om niet alles in een
keer te drinken. Zorg dat je je bidon bij de hand hebt, zodat je steeds bij kunt drinken. Zorg
ook voor het aanvullen van koolhydraten, elektrolyten én een eiwitrijke drank voor optimaal
spierherstel. Maak bijvoorbeeld de hersteldrank van bladzijde 125.

TIP

Deze formule berekent je maximale hartslag bij benadering. Wil je precies weten hoe het zit? Laat dan een inspanningstest doen bij een sportmedisch centrum.

MAXIMALE HARTSLAG BEREKENEN (HF-MAX)

De maximale hartslag schat je met behulp van de volgende formule:

220 - leeftijd = maximale hartslag.

Als je op 60% tot 80% van deze maximale hartslag traint, zit je tijdens inspanning op een gezonde hartslag.

CONDITIE - VO2MAX

De VO2max is je maximale zuurstofopname. Hoe hoger je VO2max, hoe groter je talent voor duurinspanning. Je kunt je VO2max eenvoudig schatten door een zoge-naamde coopertest te doen.

Tijdens de coopertest leg je rennend een zo groot mogelijke afstand af in 12 minuten. Je VO2max kun je dan vervolgens schatten op basis van de formule die Cooper zelf ontwikkelde:

VO2max = (afstand in meters in 12 minuten - 504,9) / 44,73

Voorbeeld:
Je hebt 2600 meter afgelegd in 12 minuten. (2600 - 504,9) / 44,73 = 46,8
Je geschatte VO2max is dan dus 46,8 ml/kg/min.

In de tabel op de volgende bladzijde vind je de verschillende VO2maxwaarden voor zowel mannen als vrouwen.

VO2MAX MANNEN

LEEFTIJD	ZEER SLECHT	SLECHT	REDELIJK	GEMIDDELD	GOED	ZEER GOED	UITSTEKEND
20-24	< 32	32-37	38-43	44-50	51-56	57-62	> 62
25-29	< 31	31-35	36-42	43-48	49-53	54-59	> 59
30-34	< 29	29-34	35-40	41-45	46-51	52-56	> 56
35-39	< 28	28-32	33-38	39-43	44-48	49-54	> 54
40-44	< 26	26-31	32-35	36-41	42-46	47-51	> 51
45-49	< 25	25-29	30-34	35-39	40-43	44-48	> 48
50-54	< 24	24-27	28-32	33-36	37-41	42-46	> 46
55-59	< 22	22-26	27-30	31-34	35-39	40-43	> 43
60 >	< 21	21-24	25-28	29-32	33-36	37-40	> 40

EFTIJD	ZEER SLECHT	SLECHT	REDELIJK	GEMIDDELD	GOED	ZEER GOED	UITSTEKEND
0-24	< 27	27-31	32-36	37-41	42-46	47-51	> 51
5-29	< 26	26-30	31-35	36-40	41-44	45-49	> 49
0-34	< 25	25-29	30-33	34-37	38-42	43-46	> 46
5-39	< 24	24-27	28-31	32-35	36-40	41-44	> 44
0-44	< 22	22-25	26-29	30-33	34-37	38-41	> 41
5-49	< 21	21-23	24-27	28-31	32-35	36-38	> 38
0-54	< 19	19-22	23-25	26-29	30-32	33-36	> 36
5-59	< 18	18-20	21-23	24-27	28-30	31-33	> 33
0 >	< 16	16-18	19-21	22-24	25-27	28-30	> 30

7.5
RICHTLIJNEN GOEDE VOEDING & WEDSTRIJDSPORT

In het vorige hoofdstuk heb je berekend wat je nodig hebt aan energie in kilocalorieën. In dit hoofdstuk vind je alle informatie om de vertaalslag te kunnen maken naar de hoeveelheden in macro- en micro-nutriënten.

RICHTLIJNEN GOEDE VOEDING

In Nederland gelden de Richtlijnen Goede Voeding (RGV), opgesteld door de Gezondheidsraad. Deze richtlijnen zijn gericht op de algemene bevolking en vormen de basis voor de praktische adviezen van bijvoorbeeld het Voedingscentrum. In november 2015 zijn er nieuwe richtlijnen gepresenteerd.

In deze richtlijnen zet de Gezondheidsraad op een rij welke voedingsmiddelen en -patronen van belang zijn voor een goede gezondheid. De richtlijn bestaat uit verschillende adviezen die zijn opgesteld door een commissie van deskundigen. De adviezen zijn gebaseerd op wetenschappelijk onderzoek. Zij hebben de relatie tussen voeding en chronische ziekten (zoals de preventie van onder meer coronaire hartziekten en verschillende vormen van kanker) in kaart gebracht en vertaald naar aanbevelingen voor een gezond voedingspatroon.

Het doel van de RGV is de gezondheid te bevorderen. Belangrijk hierbij is dat de richtlijnen opgesteld zijn op basis van een groepsgemiddelde: individueel zijn er natuurlijk grote verschillen in 'het ideale voedingspatroon'. Wat voor de een goed werkt, hoeft voor de ander geen succes te zijn.

De aanbevelingen in het kort:
- Kies voor meer plantaardige en minder dierlijke producten, vanwege het beschermende effect voor het lichaam en een lagere belasting van het milieu.
- Eet dagelijks ten minste 200 gram groente en ten minste 200 gram fruit. Dit is 50 gram meer groente dan de richtlijnen uit 2006.
- Eet dagelijks ten minste 90 gram bruinbrood, volkorenbrood of andere volkorenproducten. Dit komt overeen met drie boterhammen.
- Kies wekelijks voor peulvruchten. Van peulvruchten zoals kidneybonen, kikkererwten en linzen is bekend dat ze het LDL-cholesterol (risicofactor voor hart- en vaatziekten) verlagen.
- Eet tenminste vijftien gram ongezouten noten per dag. Dit is ongeveer één half handje, niet erg veel dus. Noten werken beschermend tegen hart- en vaatziekten.
- Neem enkele porties zuivel per dag, waaronder melk of yoghurt. Eén portie is één schaaltje.
- Eet één keer per week vis, bij voorkeur vette vis, in verband met de goede vetten. Bijvoorbeeld zalm of makreel.
- Drink dagelijks drie koppen thee. Groene of zwarte thee worden geassocieerd met een verlaagde kans op beroerte en diabetes.
- Vervang geraffineerde graanproducten door volkorenproducten, voor meer voedingsstoffen en vezels.
- Vervang boter, harde margarine en bak- en braadvetten door zachte margarine, vloeibaar bak- en braadvet en plantaardige oliën.
- Vervang ongefilterde door gefilterde koffie. In ongefilterde koffie zitten bepaalde stoffen die het cholesterol verhogen. Filterkoffie en koffiepads gelden als gefilterde koffie, maar drink je een espresso waarbij de bonen à la minute worden vermalen dan is het vaak onduidelijk of het om gefilterde of ongefilterde koffie gaat. Dit verschilt per apparaat.

- Beperk de consumptie van rood vlees en met name bewerkt vlees. De commissie van de Gezondheidsraad concludeert dat er een verband is tussen het eten van rood vlees of bewerkt vlees enerzijds en een hoger risico op beroerte, diabetes, darmkanker en longkanker anderzijds.
- Drink zo min mogelijk suikerhoudende dranken, zoals frisdrank, cola en energiedrankjes. Suiker maakt deze dranken lekkerder als compensatie voor de zuren die er in zitten, maar suiker wordt wel in verband gebracht met het ontstaan van welvaartsziektes zoals diabetes type-2 en overgewicht.
- Drink geen alcohol of in ieder geval niet meer dan één glas per dag. Deze richtlijn is aangescherpt ten opzichte van 2006. De Gezondheidsraad geeft aan dat er al bij een matige alcoholinname een risico is op het ontstaan van borstkanker, longkanker en een beroerte.
- Beperk de inname van keukenzout tot maximaal 6 gram per dag.
- Het is niet nodig voedingssupplementen te gebruiken. Met uitzondering van mensen die tot een specifieke groep behoren waarvoor een suppletieadvies geldt, zoals zwangere vrouwen (foliumzuur), ouderen (vitamine D) of eventueel B12 voor veganisten.

ENERGIEPROCENTEN

De afkorting 'en%' staat voor energieprocenten. Macronutriënten worden uitge-drukt in energieprocenten van de totale voeding omdat koolhydraten, vetten en eiwitten niet evenveel kilocalorieën per gram leveren. Energieprocenten geven dus het aandeel dat een voedingsstof levert aan het totaal aantal calorieën weer, oftewel het percentage van de totale energie-inname. Zo betekent de aanbe-veling 'hooguit tien energieprocent verzadigde vetzuren' dat niet meer dan tien procent van de calorieën afkomstig mag zijn uit verzadigde vetzuren.

Voorbeeldsom:
Stel je mag per dag 2.000 kcal eten.
Je weet dat je die dag in totaal 70 gram vet hebt gegeten.
Komt deze inname dan overeen met de richtlijnen van 20-35 en% ?

1 gram vet = 9 kcal (hoeveel energie de verschillende macronutriënten per gram leveren vind je op bladzijde 175)
9 kcal x 70 gram vet = 630 kcal in totaal aan vetten
(630/2.000) x 100% = 31,5 en%

In dit geval ben je dus binnen de richtlijnen gebleven.

WEETJE

Groente en fruit bevatten veel essentiële vitaminen en mineralen. Toch haalt slechts 29% van de vrouwen en 25% van de mannen tot 69 jaar de aanbevolen hoeveelheid groente en fruit.

DIT HEB JE NODIG

■ KOOLHYDRATEN

Je gewicht in kg x 2,9 = het aantal gram koolhydraten dat je ongeveer nodig hebt per dag

Haal 40 tot 70 en% van je calorieën per dag uit koolhydraten.

■ VEZELS

Aanbevolen is 30 tot 40 gram vezels per dag.

■ EIWIT

Je gewicht in kg x 0,8 = het aantal gram eiwitten die je ongeveer nodig hebt per dag.

Haal 10 en% van je calorieën per dag uit eiwit.

Vegetariërs hebben een toeslag van 1,2 en veganisten van 1,3!
Ben je zwanger of geef je borstvoeding dan heb je ook een verhoogde behoefte van 0,9 x gewicht in kg per dag.

■ VET

Haal 20 tot 35 en% van je calorieën per dag uit vetten.

Wil je afvallen? Dan hanteert de RGV dagelijks 20 tot 30 en% vet. Lager is niet handig, want je hebt goede vetten nodig voor je gezondheid én voor de vitaminen die vetoplosbaar zijn.

RICHTLIJNEN WEDSTRIJDSPORT

De aanbevelingen van de Richtlijnen Goede Voeding zijn niet altijd toereikend voor (top)sporters, omdat (top)sporters vaker een hoger verbruik hebben en dus een hogere voedingsbehoefte. Daarom zijn er de speciale richtlijnen voor wedstrijdsport opgesteld: de Richtlijnen Wedstrijdsport uit 2013. Deze aanbevelingen voor voeding rondom sport zijn gebaseerd op verschillende richtlijnen en aanbevelingen met vele onderzoeken uit Australië, Engeland en Amerika als gedegen fundament.

In dit kookboek is een combinatie gemaakt van de hierboven genoemde richtlijnen. Ook zijn de uitkomsten van recente onderzoeken zoveel mogelijk meegenomen in de samenstelling van onze recepten. Zoals bijvoorbeeld het bewezen positieve effect van het gebruik van cafeïne bij duursport.

BASISVOEDING			
	Norm	**Toelichting**	**Uitzondering**
Energie	> 30 kcal * kg VVM	Minimaal benodigde energie ter voorkoming van energetische onder-voeding.	Korte interventies gericht op snel gewichtsverlies, waarbij verlies van VVM is ingecalculeerd
Koolhydraten	3 tot 5 g/kg 5 tot 7 g/kg 6 tot 10 g/kg 8 tot 12 g/kg	Afhankelijk van de intensiteit, duur en soort sport/inspanning	Er bestaat een trend dat sporters minder koolhydraten consumeren. Lage koolhydraatinname is deels te compenseren door verhoogde levergluconeogenese (als gevolg van verhoogde eiwitinname)
Eiwit	0,8 g/kg 1,0 tot 1,2 g/kg 1,0 tot 1,5 g/kg 1,5 tot 2,0 g/kg	Afhankelijk van de soort sport/inspanning	Lage koolhydraatinname verhoogt indirect de eiwitbehoefte (verho-gen levergluconeogenese)
Vet	20 tot 35 en%	Let op voldoende essen-tiële vetzuren: 450 mg EPA en DHA 2 – 3 mg ALA	Indien kleiner dan 20 en% bor-ging essentiële vetzuren
Vocht	1,5 liter vocht/ dag	1,5 liter samen met voedingsvocht uit basis-voeding en in combi-natie met vochtinname tijdens training	Diverse factoren dragen bij aan een verhoogde of verminderde vochtinname
Micronutriënten	Vit. B1 0,5mg/1000 kcal Vit. B2 0,5 mg/1000 kcal Vit. B3 6,6 mg/1000 kcal Vit. B6 1,5 mg/dag	Vit. B1, B2 en B3 ger-elateerd aan energie-in-name Vit. B6 gerelateerd aan eiwitinname	Indien energie-inname kleiner is dan 2000 kcal gelden voor vitaminen B1, B2 en B3 aanbe-velingen Gezondheidsraad Bij eiwitinname meer dan 150 g/dag verhoging aanbeveling Gezondheidsraad vitamine B6 met 0,01 tot 0,02 mg per extra gram eiwit

Bron: Wardenaar, F., Maas, T., Leijen, E., Dijk, J., Pannekoek, S. & Danen, S. (2014). Richtlijn 36, Wedstrijdsport

INSPANNINGSGERELATEERDE VOEDING

3 – 4 dagen vooraf	voor	tijdens	na
Energie beperken indien energiegebruik afneemt			
Koolhydraatstapeling bij langdurige inspanning door 10 tot 12 g/ kg gedurende 36 tot 48 uur vooraf	2 tot 3 uur vooraf: meer dan 70 g koolhydraten met de laatste maaltijd	Bij inspanning langer dan 45 minuten: 30 tot 90 g/ uur met aandacht voor koolhydraatsamenstelling	Binnen 2 uur 1 tot 2 g koolhydraten per kg
Indien gewicht behaald dient te worden: eiwitinname verhogen 2,0 tot 2,3 g/kg	Matig gebruik in verband met maagdarmproblemen vanwege hoge verzadigingswaarde	Indien gewenst als onderdeel van sportdrank, tijdens duurprestaties, maximaal 1% eiwitoplossing	20 tot 25 g eiwit in de eerste maaltijd na inspanning of als hersteldrank
	Matig gebruik in verband met maagdarmproblemen vanwege hoge verzadigingswaarde	Niet aanbevolen	Beperkt gebruik van vetrijke producten indien dit koolhydraatinname beperkt
Verhogen dagelijkse basisvochtinname met 25 tot 50%, afhankelijk per individu	2 tot 3 uur vooraf: 400 tot 600 ml water inclusief laatste maaltijd 15 min voor start 300 tot 450 ml hypotone of isotone drank	Bij inspanning langer dan 30 minuten: 150 tot 350 ml per 15 tot 20 minuten, of drinken naar behoefte Natriumgehalte sportdrank 20 tot 40 mmol/l (0,45 tot 0,9 natrium per liter) Maximaal 2% dehydratie	Binnen 3 uur: vochtinname 150% van verlies. Natriumbevattende voedingsmiddelen stimuleren vochtretentie. Alcohol (meer dan 5%) vertraagt rehydratie

WEETJE
Bij hardlopers kunnen rode bloedcellen in de kleinste bloedvaatjes van de voeten kapot worden 'getrapt' tijdens het hardlopen op een harde ondergrond. Dit noem je hemolyse, oftewel de afbraak van rode bloedcellen in het lichaam. Hierdoor kan samen met bijvoorbeeld zware duurtrainingen een ijzertekort ontstaan.

TIP
Meer over overtraining lees je op bladzijde 215.

VITAMINE- OF MINERAALTEKORT

Vitamine- of mineraaltekort komt vaak voor bij sporters die hun energie-inname beperken, om wat voor reden dan ook. Gewichtsklassesporten en esthetische sporten, zoals turnen, ritmische gymnastiek en ballet zijn hiervan een goed voorbeeld. Ook atleten, zoals vega-nistische sporters, die bepaalde voedingsmiddelen niet eten, kunnen een tekort krijgen aan vitaminen en mineralen. Vrouwelijke sporters hebben nog eens een hoger risico op tekorten dan mannelijke atleten, omdat zij over het algemeen stenger met hun voeding omgaan.

Wanneer de energie-inname van een sporter in balans is, hij of zij evenwichtig en geva-rieerd eet en zich in een goede voedingstoestand bevindt, is er geen verhoogde behoefte aan vitaminen en mineralen. De basisvoeding voorziet de atleet dan van alles wat hij of zij nodig heeft.

IJZERTEKORT

IJzer is belangrijk voor iedereen, maar in het bijzonder voor sporters. IJzer speelt een be-langrijke rol bij het transporteren van zuurstof door je lichaam. Wanneer er een tekort aan ijzer is noem je dit anemie. Het is bekend dat anemie, zelfs in milde vorm, het prestatiever-mogen vermindert. Naast ijzeranemie komt ook anemie als gevolg van een B12 of folium-zuurtekort voor. Vrouwen en zeker vrouwelijke sporters hebben vanwege hun vruchtbaarheid een verhoogde ijzerbehoefte.

Symptomen van anemie zijn:
* Vermoeidheid
* Kortademigheid
* Verminderde aerobe capaciteit
* Een bleek gezicht
* Licht verhoogde rusthartfrequentie
* Lusteloosheid
* Veranderingen in humeur
* Verminderde eetlust

Deze symptomen zijn vaak niet specifiek en makkelijk te verwarren met klachten die optre-den bij bijvoorbeeld overtraining, koorts of wanneer je een infectie hebt. Veel atleten met een laag ijzergehalte hebben niet of nauwelijks klachten. Een ijzertekort wordt dan ook vaak niet, of te laat, opgemerkt.

TOXICITEIT DOOR VITAMINE- OF MINERALENSUPPLETIE

Een multivitaminesupplement zorgt voor betere prestaties bij sporters met een vitamine- of mineralentekort. Als een sporter al een goed en gezond basisvoedingspatroon heeft, dan zijn er geen aanwijzingen dat extra vitamines de prestatie verbeteren, de kracht of het uithoudingsvermogen verhogen of spieropbouw vergroten. Ondanks dat gebruiken veel atleten voedingssupplementen of multivitaminen en mineralenpreparaten. Sommigen zelfs megadoseringen. Er is een kans dat zulke grote hoeveelheden schadelijk zijn voor je gezondheid. Ondanks dat het zelden voorkomt is het goed om op de hoogte te zijn van de risico's als gevolg van een te hoge inname van vitaminen en mineralen.

- Wateroplosbare vitaminen. In het algemeen kunnen de in water oplosbare vitaminen (vitamine C en de vitaminen van het B-complex) zonder problemen in grotere hoeveelheden worden ingenomen, met uitzondering van vitamine B6. Een teveel aan vitamine C of aan de vitaminen van het vitamine B-complex verlaat het lichaam weer via de ontlasting of de urine.
- Een hoge dosering van vitamine B6 geeft soms zenuwprikkelingen. Neem niet meer dan 50 mg per dag.
- Een inname van 100 mg B3 of meer (vijf keer de ADH) kan leiden tot het verwijden van de bloedvaten door de daar aanwezige spieren, leverstoornissen en je gaat ervan blozen.
- Een megadosering van vitamine C (meer dan één gram per dag) vergroot de kans op nierstenen, diarree, een verminderde opname van vitamine B12 en ijzerstapeling.
- Vetoplosbare vitaminen: A, D, E en K
- Een te hoge inname van vitamine A (retinol) veroorzaakt gewrichts- of botpijn, haaruitval, anorexie en leverschade.
- Een overmaat aan vitamine D kan hypercalciëmie (teveel aan calcium) en vergiftigingen veroorzaken en gaat gepaard met misselijkheid, braken, diarree, hoofdpijn en vermoeidheid. Daarom zou de dagelijkse opname van vitamine D bij volwassenen niet hoger mogen zijn dan 50 microgram.
- Het lichaam regelt en controleert de hoeveelheid mineralen en spoorelementen nauwkeurig. Daarom komt een overdosering daardoor maar zelden voor. Een teveel aan zink (meer dan 4 gram per dag) veroorzaakt soms braken en diarree. Extreem hoge inname van koper kan leiden tot leverklachten. Een teveel aan selenium veroorzaakt veranderingen in huid en haar en kan zorgen voor zenuwafwijkingen.

GLYCEMISCHE INDEX & GLYCEMISCHE LOAD

De glycemische index (GI) is een maat die aangeeft hoe snel de bloedglucosespiegel stijgt na het eten van koolhydraten. Een snelle stijging van deze spiegel wordt altijd gevolgd door een snelle daling en een langzame stijging door een langzame daling. Koolhydraten met een lage glycemische index geven langzamer glucose af aan het bloed dan koolhydraten met een hoge glycemische index. Bij het bepalen van de glycemische index wordt dus geen rekening gehouden met de hoeveelheid die iemand eet van een product. En dit maakt natuurlijk wel een groot verschil.

DE INDELING:
- Lage GI: < 55 bijvoorbeeld peulvruchten, pasta, zuivel, bepaalde soorten fruit.
- Gematigde GI: 55 < GI < 70.
- Hoge GI: > 70, bijvoorbeeld aardappelen, brood, bewerkte graanproducten, rijst.

Veel industriële bewerkingen verhogen de glycemische index van een product. Sommige stoffen verlagen de GI, zoals de aanwezigheid van vetten, eiwitten en vezels. Ook de rijpheid van producten, de zuurtegraad en de manier van bereiding thuis in de keuken (temperatuur, hoeveelheid vocht en dergelijke) hebben invloed op de glycemische index. Zelfs de temperatuur van een voedingsmiddel bij consumptie is van invloed.

DE GI VAN DE AARDAPPEL

- Kook je hem in zijn schil dan heeft de aardappel een lagere GI. Bovendien heeft de ongeschilde aardappel meer vitaminen dan een geschilde.
- Laat je de aardappel afkoelen na het koken dan wordt de GI lager. Afgekoelde aardappelen bevatten wat je noemt resistent zetmeel. Deze vorm van zetmeel heeft minder effect op je bloedsuikerspiegel. Door het afkoelen vindt er retrogradatie plaats, het zetmeel wordt als het ware stijf op elkaar gedrukt en kan niet meer worden afgebroken tot glucose door de spijsverteringenzymen. Hierdoor komt het grotendeels onverteerd in je dikke darm terecht. In je darm zal het vervolgens fermenteren en dit is weer een goede voedingsbodem voor de darmbacteriën.
- Frituur of bak je de afgekoelde aardappel dan wordt de GI juist weer hoger, maar eet je de aardappel met een beetje jus (met boter of olie) dan wordt de GI lager.

GLYCEMISCHE BELASTING (GL)

GL betekent de glycemische load (GL) oftewel de glycemische belasting. Bij de GL wordt zowel rekening gehouden met de hoeveelheid koolhydraten in een product als de hoeveelheid die iemand van een product eet. De GL houdt rekening met de hoeveelheid aan koolhydraten in het voedingsmiddel per gegeten portie. Dit is dus een makkelijkere maat om mee te rekenen.

De formule voor GL is: (hoeveelheid koolhydraat in een portie x GI) / 100. Bijvoorbeeld: bereide wortelen kunnen op zichzelf een hoge GI hebben, maar de GL van een portie bereide wortelen is laag, omdat een doorsnee portie slechts weinig koolhydraten bevat.

Lage GL: <10
Hoge GL: > 20

PRODUCT	GI	GRAM PER PORTIE	GL
Aardbei	40	120	1
Peer	40	120	4
Appel	40	120	6
Appel (gedroogd)	29	60	10
Pruimen	39	120	5
Pruimen (gedroogd)	29	60	10
Sinaasappel	42	120	5
Abrikozen	57	120	5
Abrikozen (gedroogd)	31	60	9
Banaan	52	131	6
Kiwi	53	120	6
Druiven	45	120	8
Rozijnen	64	60	28
Mango	51	120	8
Gedroogde vijgen	61	60	16
Dadels	103	60	42
Pinda's	15	50	1
Bladgroenten	10	100	1
Wortelen (rauw)	35	100	3
Wortelen (gekookt)	85	100	6
Bieten	65	100	5
Fructose (fruitsuiker)	10	20	2
Honing	70	10	3
Tafelsuiker	65	70	7
Glucose	100	10	10
Melk (mager)	30	250	4
Melk (halfvol)	38	150	2
Yoghurt (mager)	33	245	16
Chocoladereep (puur >70% cacao)	22	50	6
Bruine linzen	30	150	8
Bataat	50	100	10
Havermout	58	234	13
Volkoren spaghetti (gekookt)	35	180	16
Witte spaghetti (gekookt)	45	180	21
Volkoren tarwebrood	70	60	18
Wit stokbrood	95	60	30
Bruine rijst (gekookt)	55	150	18
Witte rijst (gekookt)	64	150	23
Aardappelen (gekookt)	60	150	14
Aardappelen (gefrituurd)	95	150	22
Aardappelen (gebakken)	85	150	26
Cornflakes	85	60	42
Bier	110	250	14
Cola	70	250	19

KOOKTIJD

Zoals je in deze tabel kunt zien heeft een product met een hoge GI soms juist een lage GL. Daarnaast hebben fruit en groenten vrijwel allemaal een GL onder de 10. Houd er rekening mee dat de GI van groenten, pasta of rijst hoger wordt naarmate de kooktijd toeneemt.

7.6 SPORTGERELATEERDE KLACHTEN

Bij veel sportgerelateerde klachten spelen voeding en vocht een belangrijke rol. Zowel in het voorkomen van klachten als bij het herstel ervan. Vandaar dat we hier enkele vaak voorkomende klachten noemen, hoe ze kunnen ontstaan en wat te doen om ze te voorkomen.

MAAG-DARMKLACHTEN

Kramp in je maag, steken in je zij, een opgeblazen of branderig gevoel, misse-lijkheid of zelfs diarree en overgeven. Deze klachten zijn op zijn zachtst gezegd vervelend. Toch zijn het veelgehoorde klachten bij zowel de professionals als de recreatieve sporter.

Er zijn drie belangrijke aspecten die meespelen bij het ontstaan van maag-darmklachten tijdens inspanning:

- Fysiologische aspecten. Bijvoorbeeld een verminderde bloedtoevoer naar het maag-darmstelsel. Het bloed gaat tijdens inspanning vooral naar de spieren die hard moeten werken en kracht moeten leveren.
- Mechanische aspecten. Bijvoorbeeld de houding/positie die je hebt tijdens het sporten of bewegingen die je maakt.
- Voeding. Te veel vet, melk of vezels, te grote porties of de timing van je voeding kunnen klachten veroorzaken

Wij concentreren ons hier op punt drie: voeding. Bepaalde voedingsmiddelen en hoeveelheden kunnen tijdens lichamelijke inspanning maag-darmklachten ver-oorzaken. Dit komt vooral voor bij onervaren sporters, maar ook goedgetrainde duursporters hebben soms klachten. Gelukkig zijn veel van deze klachten te voorkomen. Bijvoorbeeld door goed te letten op de timing en de inhoud van je maaltijden. Sporten met een volle maag is niet prettig, maar met een lege maag kom je in de meeste gevallen ook niet ver. Daarnaast zijn hoeveelheden, de ingrediënten (kruiden) en vocht belangrijke aandachtspunten.

Type sport
- Duursporters hebben vaker en heviger last van maag-darmklachten dan kracht- en/of teamsporters.
- Van de duursporters hebben fietsers relatief weinig klachten. Hardlopers juist meer. Dit heeft te maken met de schokbewegingen die bij hardlopers veel heftiger zijn dan bij fietsen.

Geslacht en leeftijd
- Mannen hebben minder snel last van maag- darmklachten dan vrouwen.
- Jonge sporters hebben minder last dan oudere sporters.

Vocht: hoeveelheid en samenstelling

- De vochtbalans moet zowel voor, tijdens en na inspanning zoveel mogelijk in evenwicht zijn. Bij een tekort aan vocht is er het op het ontstaan van maag-darmklachten groter.
- Hypertone dranken remmen de maaglediging waardoor ze eerder klachten geven en de vochtopname vertragen. De voorkeur gaat daarom uit naar hypotone of isotone draken voor en tijdens het sporten (zie hoofdstuk Drinken).

Stress

- Voor een wedstrijd kan de spanning hoog oplopen. Soms is deze spanning gezond; het maakt je alert en kan daardoor je prestaties verbeteren. De maag-darmfunctie is echter ook sterk stressgevoelig. Stress remt de maaglediging en zorgt voor een snellere door voer van voedsel door de darm.

Samenstelling van de voeding

- Van een volle maag krijg je last, maar van een volle endeldarm ook. Je moet dus de juiste balans vinden in de samenstelling van je voeding zodat het niet te lang in de maag verblijft, maar ook niet te snel de darmen verlaat. Vet voedsel verteert en passeert langzaam, koolhydraten passeren sneller.

Constitentie (dikte) van de voeding

- Vloeistoffen passeren de maag sneller dan vast voedsel en goed gekauwde voeding sneller dan grote brokken.

HOELANG BLIJFT HET IN JE MAAG?

VERBLIJFTIJD IN DE MAAG	VOEDINGSMIDDELEN
tot 30 minuten	kleine hoeveelheden koolhydraten, vruchtensuiker, honing, alcohol, isotone (koolhydraat)dranken
30 min tot 1 uur	thee, koffie, magere melk, vetarme bouillon, gezoet mineraalwater (limonades)
1 tot 2 uur	melk, yoghurt, cacao, magere kwark, vetarme kaas, witbrood, zachtgekookte eieren, aardappelpuree, droge rijst, gekookte vis, vruchtenjam, vetarme op-bouwdranken, vetvrije eiwitconcentraten
2 tot 3 uur	mager vlees, gekookte groenten, gekookte aardappelen, gekookte deegwaren, roerei, omelet, bananen, biefstuktartaar
3 tot 4 uur	roggebrood, kaas, rauwkost, gestoofde groenten, groene sla, kip, gegrild kalfsvlees, filet, gebakken aardappelen, ham, botergebak
4 tot 5 uur	gebraden vlees en vis, gebakken biefstuk en schnitzel, erwten en linzen, witte en bruine bonen, slagroomtaart
ongeveer 6 uur	spek, gerookte zalm, tonijn in olie, komkommersla, gefrituurde aardappelen, paddenstoelen, (gebraden) varkensvlees of karbonades
tot 8 uur	sardientjes in olie, gebraden gans en alle koolsoorten

VAAK VOORKOMENDE MAAG-DARMKLACHTEN BIJ ATLETEN

HOGE MAAG-DARMKLACHTEN

BOEREN

OVERGEVEN

HARTKRAMP

OPGEBLAZEN GEVOEL

LAGE MAAG-DARMKLACHTEN

MAAGKRAMP

SCHEETJES LATEN
GEVOEL DAT JE
MOET POEPEN

DIARREE

BLOED IN JE
ONTLASTING

GERELATEERDE KLACHTEN

DUIZELIGHEID

MISSELIJKHEID

GEVOEL DAT JE MOET
PLASSEN

KRAMP IN JE ZIJ

STEKEN IN JE ZIJ

Bron: Jeukendrup, A (2015)

HOE VOORKOM JE MAAG-DARMKLACHTEN?

SPECERIJEN EN KRUIDEN
Gebruik geen voedingsmiddelen die gassen produceren in je maag en darmen. Dus geen scherpe kruiden, uien, kool, broccoli of bonen. Probeer bij voorkeur geen nieuwe dingen uit voor de wedstrijd.

VOCHT
Het is belangrijk om genoeg vocht in te nemen in de uren voor het sporten. Bij voorkeur in de vorm van een hypotone of isotone drank. Drink vooraf ook geen grote hoeveelheden koolzuurhoudende dranken, vettige dranken (melk) of vruchtensappen (te veel snelle suikers). Cafeïnehoudende dranken verhogen je darmactiviteit. Daarnaast heeft cafeïne een vochtafdrijvende werking, waardoor de hydratatie van je lichaam in gevaar komt.

LACTOSE
Vermijd melkproducten die lactose bevatten. Wanneer je een (milde) lactose-intolerantie hebt kan lactose tijdens de training problemen veroorzaken. Je kunt melk volledig vermijden of kiezen voor lactosevrije melk, zoals soja-, rijst- of amandelmelk. Deze plantaardige melksoorten bevatten vaak toegevoegde vitamine B en Ca, zodat je deze niet tekortkomt.

FRUCTOSE
Producten met een hoog fructosegehalte kun je beter vermijden. Vooral drankjes die uitsluitend fructose bevatten kunnen zorgen voor maag-darmklachten. Opvallend is wel dat fructose in combinatie met glucose geen problemen veroorzaakt.

PIJNSTILLERS
Vermijd aspirine en niet-steroïdale anti-inflammatoire geneesmiddelen (NSAID's) zoals ibuprofen. Bij het slikken van ontstekingsremmers wordt de bescherming van de maagwand minder. Ook verstoort en vermindert het de doorlaatbaarheid van de darmen en de regulatie van bloed naar de nieren. Ook de kans op maagbloedingen wordt versterkt door het gebruik van ontstekingsremmers. Wil je toch sporten en de pijn onderdrukken, gebruik dan een paracetamol. Deze zijn het minst schadelijk.

VERZADIGDE VETTEN EN EIWITTEN
Voor inspanning is het beter om verzadigde vetten en eiwitten te vermijden. Deze vertragen de opname van koolhydraten en die heb je nou juist nodig tijdens je inspanning. Ook blijven vetten en eiwitten vaak langer in je maag waar ze alleen maar ballast zijn.

OEFEN
Je kunt je darmen trainen in het omgaan met voeding tijdens inspanning. Het kost wat moeite, maar het werkt! Probeer dan ook liever geen nieuwe voeding tijdens een wedstrijd. Dit veroorzaakt alleen maar onnodige maag-darmklachten.

VEZELRIJKE PRODUCTEN
Vermijd vezelrijke producten (de dag) voor inspanning. Vezels zijn goed voor de darmen en stoelgang, maar tijdens inspanning zit je niet te wachten op een verhoogde stoelgang. Ook versnellen vezels je vochtverlies en kan onnodige gasproductie leiden tot kramp.

INSPANNINGSHOOFDPIJN

Na inspanning kun je last krijgen van inspanningshoofdpijn: een bonkende hoofdpijn die in sommige gevallen wel 24 uur kan aanhouden. Soms kan er naast hoofdpijn ook sprake zijn van misselijkheid en braakneigingen.

DE OORZAKEN VAN INSPANNINGSHOOFDPIJN

- Wanneer je sport, adem je sneller. Er wordt minder zuurstof in de hersenen afgegeven, waardoor er een zuurstoftekort ontstaat (Bohr-effect).
- Verkeerde ademhaling. Bij krachttraining kan het bijvoorbeeld voorkomen dat je je adem inhoudt.
- Verkeerde houding. Bijvoorbeeld een krampachtige aanspanning van de nekspieren).
- Te weinig eten (lage bloedsuiker) of drinken voor of tijdens de training.
- Te kort voor de training eten.
- Oververhitting door te sporten bij warm weer of hoge temperaturen.

TIPS

- Drink voldoende. Niet te veel, maar ook zeker niet te weinig: ga gehydrateerd van start. Zie het hoofdstuk over drinken voor meer informatie.
- Eet koolhydraatrijk en plan de maaltijden goed.
- Let op je ademhaling. Haal zo regelmatig en diep mogelijk adem.
- Zet een zonnebril op als je gaat sporten in de felle zon.
- Als je veel zweet, verlies je ook zout. Drink een isotone sportdrank met iets van natrium of eet iets zouts na het sporten. Bijvoorbeeld een kopje bouillon of wat zoute stengels.
- Door zweten kan ook een tekort aan magnesium ontstaan, wat de hoofdpijn versterkt. Neem voor of na het sporten een magnesiumtablet. Let wel op de hoeveelheid magnesium: neem niet meer dan 100% ADH.
- Negeer de hoofdpijn niet. Heb je hoofdpijn? Doe dan rustig aan. Als je de pijn tijdens het sporten voelt opkomen is het tijd om te stoppen (na een cooling-down).

SPORTBLESSURES

Iedereen kan een sportblessure krijgen: van topsporters tot recreatieve sporters en van supergetraind tot starter. Zo is er kans op acute blessures of om gedurende een langere tijd een bepaalde spier te overbelasten. Een goede warming-up en techniek van je sportuitvoering is essentieel om blessures te voorkomen. Ook voeding kan helpen om blessures te voorkomen. Denk aan calcium en vitamine D voor gezonde en stevige botten, maar ook aan de B-vitaminen die helpen om energie vrij te maken uit je voeding.

TIPS

- Loop niet te lang door met klachten, maar maak een afspraak met een sportfysiotherapeut. Zij geven specifieke begeleiding en hebben ervaring met sportklachten en blessures. Zo krijg je een behandelplan op maat.
- Werk aan het opbouwen van kracht en conditie. Fanatiek zijn is prima, maar loop niet te hard van stapel.
- Werk aan je stabiliteit en balans door stabiliteitsoefeningen te doen. Vraag hiernaar bij je trainer of therapeut.
- Zorg voor een goede basisvoeding waarin alle macro- en micronutriënten aanwezig zijn.
- Zorg voor goede spullen. Laat je fiets afstellen door een expert, koop schoeisel op maat, enzovoorts.

SLAAPPROBLEMEN

Slaap is een belangrijk onderdeel van het herstel. Dit geldt voor alle atleten. Slaapgebrek heeft op korte én lange termijn een negatieve invloed op de sportprestaties. Zo heeft het invloed op het concentratie- en reactievermogen, maar ook de energiehuishouding en spieropbouw raken ontregeld door slaapgebrek.

Een goede basisvoeding heeft volgens onderzoek geen invloed op het voorkomen van slaapproblemen, maar het heeft wel invloed op hoe goed we slapen en de duur en kwaliteit van de slaap. Er zijn verschillende factoren die de slaap beïnvloeden. Bijvoorbeeld te weinig eten, magnesiumtekort en een tekort aan serotonine (tryptofaan wordt in het lichaam omgezet tot serotonine dat weer omgezet wordt in melatonine en melatonine zorgt voor het slaperige gevoel en een goede nachtrust). Ook overmatig suikergebruik, cafeïnegebruik of eten op verkeerde tijdstippen kunnen zorgen voor een slechte nachtrust.

Van sporten word je moe. Alleen daarom al heeft sporten een positief effect op slaap. Daarnaast heeft je lichaam een natuurlijke temperatuurcyclus (overdag ben je warmer dan 's nachts). Door te sporten verhoog je je lichaamstemperatuur. Hierdoor daalt je lichaamstemperatuur in de nacht meer dan wanneer je niet gesport zou hebben. Sommige onderzoekers vermoeden dat dit leidt tot diepere slaap. Te veel en overmatig trainen heeft juist een negatief effect op slaap. Je kunt dus ook te ver gaan.

TIPS
- Ook ontspannen kun je trainen. Echt ontspannen is namelijk best heel moeilijk. Meditatie, yoga en/of ademhalingsoefeningen kunnen hierbij helpen.
- Plan je maaltijden en je eventuele late night snack goed en zorg voor de juiste samenstelling van je voeding. Bijvoorbeeld: trage eiwitten, magnesiumrijk, tryptofaan (dat zit in bruine rijst, zonnebloempitten, pompoen- en sesamzaadjes en bananen), en laat die cafeïnehoudende drank of pure chocola in de kast.
- Ga je met je team op trainingskamp? Laat je coach dan een slaapplan of slaapstrategie maken. Op die manier is slaap onderdeel van het trainings- en herstelschema. Zo voorkom je de negatieve neerwaartse spiraal van slaaptekort waardoor je slecht hersteld, uitgeput raakt en slecht presteert.

JETLAG

Last hebben van een jetlag is een veelvoorkomend probleem voor sporters die door verschillende tijdzones reizen. Het ritme van je lichaam en de slaap-waakcyclus worden verstoord met vermoeidheid, slaapstoornsen, slechte concentratie, spijsverteringsproblemen en prikkelbaarheid tot gevolg. Deze symptomen van een jetlag zijn over het algemeen ernstiger bij het reizen van west naar oost dan van oost naar west. Een jetlag kan ontzettend vervelend zijn als je kort na de reis al moet en wil presteren. Een ruwe vuistregel is dat je één hersteldag nodig hebt op je nieuwe bestemming voor elke tijdzone die je hebt doorkruist. Wel zitten er grote verschillen tussen personen en de snelheid waarmee ze zich aanpassen. Wat je kunt doen is je lichaam voorbereiden op de reis die gaat komen door van tevoren al je tijdsschema van je trainingen, de timing van je voeding en je dag- en nachtritme aan te passen.

VERMOEIDHEID EN OVERREACHING

Nadat je flink getraind hebt ben je vermoeid. Dit is normaal en goed, want je werkt aan het opbouwen van je conditie en na het herstel is die iets verbeterd. Het herstel kan enkele uren tot enkele dagen duren, afhankelijk van de zwaarte van de training. Sporters balanceren op het smalle koord tussen het verbeteren van de conditie en te zwaar trainen. Als tijdens een intensieve trainingsperiode (meerdere uren per dag intensief sporten en dit meerdere keren per week) je prestaties plotsklaps verslechteren en het herstel langer duurt dan je gewend bent, dan kan het zijn dat je te veel hebt getraind. Deze situatie van verslechterd presteren zonder dat er een aanwijsbare oorzaak voor is (bijvoorbeeld ziekte) heet overreaching.

Er bestaat een functionele en een niet-functionele vorm van overreaching. Met functionele overreaching wordt bedoeld dat de atleet bewust een periode iets te hard traint, om na enkele dagen of weken relatieve rust een extra boost in conditie te krijgen. De atleet gaat als het ware door een dal om vervolgens te pieken.

Bij niet-functionele overreaching duurt het herstel twee weken tot een maand, en nadat de conditie weer normaliseert is er geen positief effect meer van de periode van zware training. De negatieve gevolgen zijn groter dan de positieve effecten, er vindt geen prestatieverbetering plaats op de lange termijn. Train je dan nog een periode onverdroten voort dan kan het overtraindheidsyndroom optreden. Hierbij krijg je allerlei symptomen die in eerste instantie niets met te hard trainen te maken lijken te hebben, zoals een verminderde eetlust en depressieve gevoelens. Dit kan in sommige gevallen het einde van het seizoen of zelfs het einde van de carrière van de atleet betekenen. Er is geen duidelijk onderscheid tussen overreaching en overtraining. Overtraining komt zelden voor, langdurig verslechterd presteren zonder aanwijsbare oorzaak is bijna altijd overreaching, wat overigens vervelend genoeg is.

Als je intensief traint doe je er dus goed aan de vinger aan de pols te houden. Als je een periode minder goed presteert wees dan verstandig en halveer je trainingen. Hard herstellen is dan belangrijker dan hard trainen.

KRAMP

Spierkramp is een veelvoorkomend probleem bij sporters, waarbij de spier spontaan samentrekt. Kramp kan in elke spier, maar ook in spiergroepen voorkomen. Meestal ontstaat het in je kuiten, hamstring (achterkant benen), quadriceps (voorkant dijbeen), voeten, tenen, nek of in je zij. Vaak keren spierkrampen terug op dezelfde plek.

De exacte oorzaak van kramp is vooralsnog onbekend. Wel is de kans op het krijgen van kramp tijdens het sporten groter dan tijdens dagelijkse bezigheden. Al kan kramp ook 's nachts toeslaan als je rustig ligt te slapen. Hoewel de exacte oorzaak dus onbekend is, zijn er wel factoren die de kans op kramp kunnen vergroten. Bijvoorbeeld overbelasting, spiervermoeidheid/uitputting, verzuring, kou, hoge bloeddruk, slechte doorbloeding, verkeerde lichaamshouding, lage bloedsuikerspiegel, uitdroging, korte strakke spieren, dragen van te hoge hakken, slechte conditie, slechte basisvoeding: elektrolyten-stoornis of vitaminegebrek, verkeerde timing van de maaltijden.

TIPS

- Zorg voor een goede vochtbalans. Drink voldoende en leng je water eventueel aan met elektrolyten, zoals zout en mineralen en iets van suiker/koolhydraten.
- Zorg voor een goede warming-up en cooling-down die past bij jouw sport.
- Rek en strek eventueel je spieren na het sporten als ze nog warm zijn en goed doorbloed (dit mag geen pijn doen) minimaal 30 seconden per spier(groep).
- Werk aan je fitheid en conditie, dan heb je minder kans op kramp.
- Zorg dat je de juiste techniek te pakken hebt bij het uitvoeren van je sport.
- Draag comfortabele sportkleding en schoenen. Sportkleding mag niet knellen en moet ademend zijn.
- Zodra je last krijgt van kramp: stop met de oefening en rek voorzichtig de spier die verkrampt is. Masseren is ook nuttig! Wandelen en losschudden van de spier helpt ook.
- Bij ernstige kramp kun je een icepack of koelelement (omwikkeld door een theedoek) op je spier leggen. De kou vermindert de bloedtoevoer naar de spier waardoor je de spier beter kunt ontspannen.
- Krampen kunnen ook te maken hebben met een voedselintolerantie, bijvoorbeeld voor koemelk, gluten/tarwe, of een teveel aan alcohol, cafeïne/theïne, sulfiet of gist.
- Zorg voor een goede basisvoeding. De volgende voedingsstoffen kunnen kramp helpen voorkomen: vitamine B-complex, vitamine D, vitamine E, magnesium, calcium, zink en natrium.
- Ook bepaalde synthetische E-nummers (o.a. kleurstoffen, smaakversterkers en zoetstoffen) worden gelinkt aan het ontstaan van spierkrampen.
- Heb je vaak last van kramp, laat dan eens bloed prikken om te testen op tekorten aan vitaminen en mineralen.

FEMALE ATHLETE TRIAD

Female Athlete Triad kan ontstaan bij vrouwelijke atleten doordat zij bezig zijn hun
prestaties te optimaliseren en tegelijkertijd willen voldoen aan de esthetische eisen van
de sport. Hierdoor is er vaak sprake van een langdurig negatieve energiebalans die
zich kan ontwikkelen tot een (lichte) eetstoornis. De combinatie van een te lage energie-inname en een verhoogd energieverbruik heeft ook een hormonale disbalans als
gevolg. De menstruatie wordt hierdoor onregelmatig of blijft zelfs helemaal uit. Dit kan
uiteindelijk weer leiden tot een verminderde botdichtheid en een vervroegde botontkalking (osteoporose).

Female Athlete Triad is een combinatie van drie stoornissen:
• Eetstoornis (negatieve energiebalans).
• Een onregelmatige of compleet afwezige menstruatiecyclus.
• Botontkalking.

Atleten die lijden aan Female Athlete Triad hebben meer kans op gezondheidsklachten
zoals onvruchtbaarheid, verminderde immuunfunctie en hart en vaatziekten. Meestal
neemt de prestatie af, omdat er te weinig energie is om te kunnen bewegen en presteren.

Coaches, trainers en andere begeleiders kunnen Female Athlete Triad helpen voorkomen door de schaamte rondom eetstoornissen te verlagen en te zorgen voor een sfeer
waarin de atleet zich op zijn gemak voelt om de zorgen over het lichaams- en zelfbeeld
te bespreken. Ook diëtisten met sportspecifieke kennis spelen hierin een belangrijke rol.
Begrip van het leven en de wereld waar de atleet zich in bevindt is ontzettend belangrijk
om problemen te signaleren, bespreekbaar te maken en te voorkomen.

7.7
SUPPLEMENTEN

Je kent ze vast, de eiwitshakende krachtsporters, een kop sterke koffie 'to go' voor de sjezende vroege vogel op weg naar werk of de geconcentreerde bietensapshotjes voor de marathonloper. Voedings-supplementen zijn er genoeg! Een multivitaminepil is er ook een, net als creatine en beta-alanine.

WEETJE

Volgens het Warenwetbesluit zijn voedingssupplementen eet- of drinkwaren, die:

- bedoeld zijn als aanvulling op de basisvoeding;
- een geconcentreerde bron vormen van één
  of meer microvoedingsstoffen of van andere
  stoffen met een voedingskundig of fysiolo
  gish effect;
- verhandeld worden in voor inname bestem
  de afgemeten kleine eenheidshoeveelheden.

WEETJE

Mannen gebruiken meer sportvoedingssupplementen dan vrouwen. Vrouwen gebruiken
weer meer voedingssupplementen gericht op de
algemene gezondheid.

WARENWETBESLUIT

Het Warenwetbesluit is in 1935 ingevoerd in Nederland. Aan de Warenwet zijn
alle besluiten en regelingen rondom voeding toegevoegd. Bijvoorbeeld regels
over het hygiënisch klaarmaken en het etiketteren van levensmiddelen. Zo stelt
het Warenwetbesluit eisen aan horecabedrijven, maar ook aan de keukens van
ziekenhuizen. Een levensmiddel of product mag de gezondheid of veiligheid van
de consument niet in gevaar brengen en dus staat in de Warenwet beschreven
aan welke eisen alle voedingsmiddelen en andere producten moeten voldoen.
Ook gezondheid- en voedingsclaims staan in deze wet. Teksten op een verpakking zoals: 'verbetert je darmflora' worden allemaal gecontroleerd. De claims
moeten doen wat ze beweren te doen (wetenschappelijk onderbouwd) en moeten daarnaast binnen de regels van de warenwet vallen.

WAAROM SUPPLEREN?

De één sport puur voor het plezier of om te ontspannen, de ander is graag competitief en wil meer: beter worden, resultaten behalen en hogerop komen in zijn
of haar tak van sport. Wil je als sporter optimaal presteren dan kan het nemen
van supplementen hierbij helpen.

Een goede basisvoeding volgens de richtlijnen bevat in principe alle stoffen
die het lichaam nodig heeft. Deze basisvoeding is je fundament. Bij sportvoeding gaan we een stap verder door goed te kijken naar wat een sporter extra
verbruikt en dus extra nodig heeft naast het basisvoedingspatroon. Eventuele
tekorten worden het liefst aangevuld binnen het bestaande voedingspatroon.
Letterlijk: door meer te eten. Als dit niet lukt dan kun je ervoor kiezen een supplement te gebruiken. Bijvoorbeeld het nemen van multivitaminen, het drinken
van eiwitshakes of het nemen van speciaal samengestelde sportrepen, gels en
sportdranken.

Ook sommige van onze SPORTables vallen dus onder het kopje (sport)voedings-
supplement. Let er wel altijd goed op, zeker als je competitief sport, dat welke
producten je ook gebruikt, deze geen stoffen bevat die onder doping vallen.

NZVT

Het NZVT (Nederlandse Zekerheidssysteem Voedingssupplementen Topsport) is opgericht om sporters en
hun begeleiders zekerheid te geven dat de producten
die ze gebruiken dopingvrij zijn. Sporters kunnen deze
lijst raadplegen om te zien of het product dat ze willen
gebruiken dopingvrij is. Deze zekerheden gelden alleen
voor de op de website genoemde product-batch combinaties. Dit zijn producten die tijdens een aaneengesloten
periode worden gemaakt en dus deel uit maken van dezelfde 'batch'. Ze zijn te herkennen aan een batchnum-
mer of productienummer dat bestaat uit een combinatie
van cijfers en letters.

Waarom worden sportsupplementen gebruikt?

- Om prestaties te verbeteren, vanwege het zogenaamde prestatiebevorderende
  effect van de stof(fen).
- Compensatie voor een onregelmatige levensstijl en/of voedingskeuze
  (bijvoorbeeld als je veel moet reizen).
- Als aanvulling op je dagelijkse voedingsinname, vanwege een verhoogde behoefte aan
  bepaalde specifieke voedingsstoffen bij een bepaalde tak of intensiteit van sport die niet
  goed aan te vullen zijn binnen het bestaande voedingspatroon.

Neem een wielertour als voorbeeld. Uren achter elkaar wordt er fanatiek gefietst en daarom
moet er regelmatig energie, elektrolyten en vocht worden aangevuld. Even een pauze
nemen om lekker te gaan zitten voor een goede maaltijd is er niet bij, dus sportspecifieke
voeding en -supplementen bieden in dit geval uitkomst.

Bijvoorbeeld: SPORTables in de vorm van compacte koolhydraatbommen of een drank
waarin je koolhydraten en elektrolyten mengt met water (3:1). Ook kan het gebeuren dat
je bij hoge inspanning minder trek hebt of moeite hebt om überhaupt iets te eten of door te
slikken. Toch moet je energie opnemen om te kunnen blijven presteren. Dan is een zelfgemaakte sporthap met de juiste textuur, inhoud en smaak de perfecte uitkomst.

DE GROTE SPORTVOEDINGSPIRAMIDE

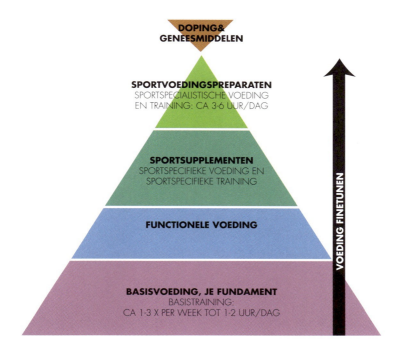

1. Basisvoeding

Dit zijn de Richtlijnen Gezonde Voeding (Gezondheidsraad), die gelden voor iedereen. Voor iedere sporter is een goede basisvoeding prioriteit nummer één.

2. Functionele voeding

Voedingsmiddelen waaraan gezondheidsbevorderende stoffen zijn toegevoegd, of waaruit bepaalde bestanddelen zijn verwijderd. Voorbeelden hiervan zijn sojamelk met extra calcium en vitamine B12 of margarine met toegevoegde vetzuren, maar ook met omega-3 verrijkte eieren.

3. Sportsupplementen (sportspecifieke voeding)

Sportvoeding gaat weer een stapje verder dan functionele voeding. Ze zijn een aanvulling op de basisvoeding, maar zouden ook een positieve invloed hebben op sportprestaties. Voorbeelden zijn: eiwitten/aminozuren, koolhydraatrijke dranken en creatine. Dit zijn voedingsmiddelen die een sporter gericht neemt voor, tijdens en na de training.

4. Sportvoedingspreparaten (sportspecialistische voeding)

Dit zijn producten die speciaal zijn gemaakt om de prestaties van sporters te verbeteren. Zoals: energierepen, dorstlessers, eiwitpreparaten, aminozuurpreparaten, vitamine- en mineralenpreparaten, cafeïneshots, shotjes bietensapconcentraat, creatine, visolie, enzovoorts.

5. Geneesmiddelen en doping

Doping bestaat uit geneesmiddelen die in de sportwereld verboden zijn omdat ze prestatieverhogend zijn, maar ook schadelijk voor de gezondheid. Tot doping behoren onder meer anabole steroïden, insuline, en het schildklierhormoon.

WAT IS DOPING?

Deze vraag heeft verschillende antwoorden. Van 'stimulerende middelen', 'het gebruik van niet natuurlijke stoffen' tot 'dat wat verboden is en op de dopinglijst staat'. De definitie van doping is officieel: stoffen en methoden die verboden zijn door het Wereld Anti-Doping Agentschap (WADA). Naast bepaalde verboden stoffen gaat het dus ook om bepaalde verboden methoden.

ADDERTJES ONDER HET GRAS

Kijk uit met zelfzorggeneesmiddelen, zoals bijvoorbeeld aspirine. Het is mogelijk dat ook hierin dopingstoffen zitten. Let er op dat het middel dat je gebruikt voor een onschuldige hoofdpijn dopingvrij is en een RVG nummer heeft (Registratie voor Geneesmiddel). Homeopathische middelen hebben een RVH-nummer (Registratie voor Homeopathie) en Europees geregistreerde geneesmiddelen een EU-nummer. Dan ben je er zeker van dat ze gemaakt zijn volgens de hoogste reinheidseisen.

Via de Australische site van het AIS (Australian Institute of Sports) kun je het ABCD-classificatie systeem vinden. Dit systeem rangschikt sportvoeding en ingrediënten van supplementen in vier groepen op basis van wetenschappelijk bewijs en andere praktische overwegingen die bepalen of een product veilig is en of het daadwerkelijk effectief werkt bij het verbeteren van sportprestaties.

Een paar voorbeelden per groep:

- Groep A omvat producten waarvan wetenschappelijk is aangetoond dat deze je prestaties verbeteren of een rol hebben in het ondersteunen van de atleet om voedingsdoelen te bereiken. Ze zijn mogelijk effectief onder specifieke omstandigheden.

  Groep A
  Sportdrank met elektrolyten, sportgel/snoepjes, sportreep, whey eiwit, multivitaminen/mineralen, ORS, cafeïne, creatine, natriumbicarbonaat, vloeibare maaltijdvervangers.

- Groep B omvat producten die nog wetenschappelijk onderzocht worden naar hun werking en om de praktische toepassingen te beoordelen. Meer onderzoek is dus nodig, maar ze zijn mogelijk effectief.

  Groep B
  Bietensap, beta-alanine, anti-oxidanten, visolie, quercitine, probiotica.

- Groep C bestaat uit producten met een minimaal bewijs een gunstig effect te hebben.

  Groep C
  Q10, ginseng, sommige kruiden, glucosamine.

- Groep D omvat producten die verboden stoffen bevatten, die niet door competitieve sporters gebruikt mogen worden.

  Groep D
  Stimulanten, pro-hormonen, hormoonstimulerende stoffen.

SUPPLEMENTEN IN ALLE SOORTEN EN MATEN

Het assortiment aan (sport)voedingssupplementen en preparaten is groot. Daarom kan het lastig zijn de juiste keuze te maken. De voedingsmiddelenindustrie maakt gretig gebruik van het feit dat sporters zo graag (nóg) sneller willen fietsen, sneller starten bij een sprint, meer en grotere spieren willen kweken en daar de nodige centen aan willen uitgeven. Tegenwoordig kun je bijna overal supplementen en preparaten kopen, zelfs in de supermarkt. Informeer daarom goed, test het product en maak daarna bewust een keuze.

Hieronder beschrijven we een aantal sportvoedingssupplementen. Dit zijn supplementen met een bewezen werking bij (top)sporters. Deze lijst is samengesteld door Team Voeding en het Olympisch Medisch Panel van het NOC*NSF. Let wel: niet voor alle sporters en type sporten is het nuttig of nodig om deze supplementen te gebruiken! Laat je dus altijd goed voorlichten door een sportdiëtist of en welk supplement prestatieverhogend kan werken naast een goede basisvoeding.

Vitamine C (ascorbinezuur)

Vitamine C ondersteunt het immuunsysteem, helpt bij het vormen en in stand houden van bind- en beenweefsel en stimuleert de ijzerabsorptie en hormoonproductie. Kies voor een tablet zonder time-released formule dat 100-300 mg vitamine C bevat per tablet.

Antioxidanten (dit is een combinatie van C, E en A (ß-caroteen)

Antioxidanten zijn stoffen die vrije radicalen in je lichaam wegvangen. Vrije radicalen zijn agressieve stoffen die in ongunstige gevallen schade kunnen geven aan cellen en weefsels. Ons lichaam maakt zelf ook antioxidanten aan. Daarnaast bevat een goede basisvoeding ook antioxidanten.

Bij intensief sporten kun je baat hebben bij een antioxidantensupplement. Maar: vrije radicalen kunnen ook een positieve invloed hebben, namelijk de verbetering van de aerobe stofwisseling en de toename van de spierkracht door training. Wanneer je teveel antioxidanten inneemt kan dit de positieve werking van vrije radicalen hinderen. Bij krachtsporters heeft een grote hoeveelheid vitamine C (samen met vitamine E) bijvoorbeeld een negatief effect op de processen in de spiercellen die nodig zijn voor spierherstel en -opbouw. Het wordt daarom afgeraden om elke dag een grote dosis vitamine C en E te gebruiken. Onder een hoge dosis wordt verstaan: 1000 mg C en 235 mg E per dag. Bij duursporters is geen nadelig effect ontdekt. Kies voor een dosering per tablet van 500-650 mg vitamine C, 40 mg vitamine E en 1 mg vitamine A (-caroteen).

Natriumbicarbonaat

Werkzaam bij krachtsport (en in sommige gevallen teamsport). Bij een anaerobe inspanningen van 1 tot 7 minuten kan de inname van natriumbicarbonaat voor het sporten helpen de negatieve effecten van de ophoping van lactaatzuur tegen te gaan. Natriumbicarbonaat buffert als het ware het lactaat in de spieren. De werking van natriumbicarbonaat verschilt per sporter en het gaat om de zuivere vorm van deze stof in capsule vorm. Bijwerkingen die bekend zijn bij natriumbicarbonaat: maag-darmklachten en een overdosis aan natrium. Raadpleeg eerst een sportdiëtist als je overweegt dit supplement te gebruiken!

ß-alanine

Werkzaam bij krachtsport (en in sommige gevallen teamsport). ß-alanine wordt gebruikt om verzuring in de spieren tegen te gaan. ß-alanine wordt in de spiercel omgezet in het stofje carnosine dat helpt tegen het verzuren. Bij een inspanning tussen de 1 en 6 minuten zijn er positieve resultaten bekend, maar er zijn ongeveer net zoveel studies verschenen waarin geen enkel effect is aangetoond. Bijwerking die bekend zijn bij het gebruik van ß-alanine is een pijnlijke prikkeling van de huid. Raadpleeg eerst een sportdiëtist als je overweegt dit supplement te gebruiken!

Cafeïne

Cafeïne werkt bij duurinspanning, maar niet bij een kortdurende intensieve inspanning. Dit is te verklaren doordat cafeïne de vetverbranding stimuleert. Hierdoor blijft de glyco-geenvoorraad langer gespaard. Ook maakt cafeïne in de hersenen bepaalde stoffen vrij die het vermoeidheidsgevoel remmen. Mogelijk is de prestatieverbetering minder bij spor-ters die van zichzelf al veel cafeïne tot zich nemen. Neem drie tot zes gram per kilogram lichaamsgewicht een uur voor inspanning. Je kunt cafeïne innemen door gewoon een grote kop koffie te drinken, maar in pil- of kauwgomvorm innemen kan ook. Ook kun je het toevoegen aan je gel, reep of drank. Let wel: cafeïne werkt vochtafdrijvend. Dat laatste is iets om rekening mee te houden tijdens het sporten.

CAFEÏNERIJKE DRANKEN EN PRODUCTEN

Drank of voedingsmiddel	Hoeveelheid	Hoeveelheid cafeïne
filterkoffie | instantkoffie | cafeïnevrije koffie	1 kop – 125 ml	85 | 60 | 3 mg
koffie (espresso)	1 kopje – 50 ml	65 mg
zwarte thee | groene thee	1 kop – 125 ml	40 | 20 mg
cola | ice tea | chocolademelk	glas – 180 ml	18 | 16 | 4 mg
red bull (energiedrank)	250 ml	blikje 80 mg
chocoladereep puur | chocoladereep melk	halve reep (45) gr	11 | 9 mg

Creatine

Vooral werkzaam bij kracht- en teamsporters (bij duursporters zou het alleen tijdens start en eindsprint kunnen helpen). Creatine-supplementen (poeders, tabletten en capsules) kunnen de hoeveelheid creatinefosfaat in de spier verhogen. Dit draagt bij aan het omzetten van energie in de spier. De stof werkt vooral bij inspanningen die bestaan uit enkele of meerdere sprintmomenten (< 30 seconden), trainings- en krachtprogramma's. Bijwerking: gewichtstoename. Raadpleeg eerst een sportdiëtist als je overweegt dit supplement te gebruiken!

Multivitaminen (gecombineerd preparaat met vitamines en mineralen)

Dat multivitaminen en mineralen op de lijst van NOC*NSF staan is een soort 'basisverzekering'. Zo is de topsporter er zeker van dat hij geen tekorten aan micronutriënten heeft in tijden van stress, zware trainingen of lange reizen. Kies een multi met niet meer dan 100 procent van de ADH voor vitaminen en zonder 'time-released' formule. Een gezonde basisvoeding zou onder normale omstandigheden voldoende vitaminen en mineralen moeten bevatten.

Hoogwaardig eiwitsupplement

Werkzaam voor kracht, duur- en teamsporters. Eiwitten bestaan uit aminozuren die zorgen voor een (sneller) herstel en opbouw van spieren na inspanning. Elke sporter heeft baat bij eiwitten voor het herstel. Het beste is om voor snelle en hoogwaardige eiwitten te kiezen en deze zo snel mogelijk te eten, het liefst binnen 30 minuten na inspanning. Op bladzijde 228 vind je meer diepgravende informatie over eiwitten.

Calcium

Calcium ondersteunt groei en zorgt voor gezonde botten en een vitaal skelet. Calcium speelt daarnaast een rol bij de bloedstolling, hart- en spiercontractie en heeft invloed op de prikkelgevoeligheid van de zenuwen. Wanneer je met de basisvoeding niet voldoende calcium binnen krijgt, biedt een supplement uitkomst. Bijvoorbeeld in het geval van koemelkallergie of andere dieeteisen, waardoor het calciumgehalte van de voeding laag uitvalt. Bij koemelkallergie, lactose-intolerantie of bij een negatieve energiebalans is de inname van calcium mogelijk een probleem. Kies voor een tablet met 500 mg calcium in een goed opneembare vorm.

Vitamine D

Vitamine D wordt ook wel de 'zon-vitamine' genoemd. Het heeft invloed op de opname van calcium en fosfor in het lichaam en zorgt dat deze stoffen worden vastgelegd in je skelet. Vitamine D speelt ook een rol bij een goede spierfunctie. Niet alleen ouderen of gesluierde mensen hebben baat bij een extra boost vitamine D, ook voor sporters kan suppletie nut hebben. Aan 10 tot 20 microgram per dag heb je meer dan voldoende. Bij voorkeur de D3 vorm, deze is beter beschikbaar voor je lichaam dan D2.

Probiotica

Probiotica zijn voedingssupplementen die levende bacteriën bevatten. Hoewel sommige bacteriën ziekteverwekkers kunnen zijn, bevatten de darmen van gezonde mensen ook bacteriën die daar heel nuttig zijn. Deze bacteriën spelen een rol in het verteren van voedsel en vormen een bescherming tegen ziekmakende bacteriën. Alhoewel het lastig is om voor alle verschillende probioticasoorten werkzaamheid aan te tonen, is het aannemelijk dat probiotica bijdragen aan een verhoogde weerstand. Atleten kunnen ook last krijgen van negatieve effecten zoals buikpijn, problemen met de stoelgang en dergelijke. Daarom is het belangrijk om het gebruik van probiotica eerst uit te testen tijdens trainingen. Dan is redelijk snel duidelijk of je de probiotica goed verdraagt.

Zink

Zink is een spoorelement dat onderdeel uitmaakt van een groot aantal enzymen in het lichaam die betrokken zijn bij de stofwisseling. Zink is bijvoorbeeld nodig bij de opbouw van eiwitten, de groei en ontwikkeling van weefsel, en een goede werking van het afweer-/immuunsysteem. Een gezonde basisvoeding bevat voldoende zink, maar mocht je toch een tekort vermoeden, kies dan voor een zinksulfaattablet van 15 mg.

Quercitine

Dit is een flavonoïde. Flavonoïden zijn antioxidanten. Ze zijn van nature aanwezig in plant-aardige voedingsmiddelen. Ze geven kleur aan veel groenten en fruit en bezitten verschil-lende kwaliteiten zoals een ontstekingsremmende en bloeddrukverlagende werking. Je vindt het onder andere in groene thee. Kies voor quercitinetabletten van 500 mg (dosering: 1 maal per dag 2 tabletten). Ook hier geldt: eet je voldoende groente en fruit dan is supple-tie niet nodig.

BIETENSAP & NITRAAT

Nitraat staat niet op de supplementenlijst van NOC*NSF, maar dit dieprode sapje heeft wel een bewezen positief effect op de duurprestaties van de meeste atleten. Vandaar dat er heel wat flesjes rodebietensapconcentraat doorheen vliegen, vooral bij sporters die een uur of langer onderweg zijn, zoals wielrenners of marathonlopers.

Bietensap is rijk aan nitraat. Dit wordt in het lichaam omgezet tot nitriet. Nitriet werd lang als een toxische stof beschouwd, maar verschillende onderzoeken wezen uit dat bij het eten (of drinken) van nitraatrijke groente, de risico's voor de gezondheid verwaarloosbaar klein zijn. Vis met spinazie is een voorbeeld waarvan veel mensen nog denken dat je deze niet moet combineren, omdat er dan teveel schadelijke stoffen ontstaan. Gelukkig valt dat dus wel mee. Daarom zijn er geen beperkende adviezen meer voor de consumptie van nitraatrijke groente. Een tip is er wel: gebruik nitraatrijke sportsupplementen zoals bietensap(concentraten) niet élke dag.

Nitraat wordt in je mond omgezet in nitriet, wat weer deels wordt omgezet in stikstofmonoxide (NO) in je maag. NO is een belangrijke signaalstof in je lijf die de werking van de spieren beïnvloedt. NO doet dit door de doorbloeding te stimuleren; de bloedvaten gaan verder open, waardoor de bloeddruk en hartslag omlaag gaan. Het stimuleert ook de calciumopname in de spieren, wat belangrijk is voor het goed kunnen aanspannen van de spieren.

Het nitraat uit rodebietensap en andere nitraatrijke groente zoals spinazie, rucola en sla kan op die manier het zuurstofverbruik bij inspanning verlagen. Met andere woorden, om een bepaalde kracht voor langere tijd te leveren, is dan minder zuurstof nodig en dit is een voordeel voor sporters. Bietensap verlaagt dus je zuurstofgebruik en verhoogt je uithoudingsvermogen en prestaties. Bij duursporters die al op topniveau fietsen is een prestatieverbetering minder duidelijk aangetoond, bij recreatieve en getrainde duursporters wel.

Drink in de 2 tot 3 uur voor duurinspanning minimaal 400 ml puur, ongezoet rodebietensap, of kies voor een geconcentreerder shotje twee uur voor de start.

7.8
MEER OVER EIWITTEN

Eiwitten, ook wel proteïnen genoemd, zijn niet alleen belangrijk voor de spieren. Ze vervullen allerlei biologische functies binnen en buiten de cellen in het lichaam. Denk aan stofwisselings-processen, de productie van hormonen en enzymen, transport van stoffen, maar ook de communicatie tussen cellen.

Welke functie een eiwit heeft, hangt af van de eiwitstructuur. Deze eiwitstructuur bestaat uit een aaneenschakeling van aminozuren. In totaal kan een eiwit in voeding 22 verschillende soorten aminozuren bevatten. Doordat de samenstelling en volgorde van de aminozuren van een eiwit steeds verschilt is elk eiwit uniek. Er zijn duizenden combinaties van aminozuren mogelijk.

Van de 22 aminozuren kan het lichaam er dertien zelf maken. De andere negen moeten we binnenkrijgen via voeding. Dit noemen we de essentiële aminozuren. Daarnaast zijn er zes semi-essentieel. Dat wil zeggen dat het lichaam ze normaal gesproken zelf kan aanmaken. Wanneer je ziek bent of een bepaalde aandoening hebt, kan het lichaam er echter niet genoeg van aanmaken. In dat geval is aanvulling via voeding nodig.

Van de essentiële aminozuren zijn er drie extra belangrijk voor sporters, de zogenaamde BCAA's (Branched-chain amino acid's oftewel vertakte keten aminozuren). Dit zijn leucine, isoleucine en valine. Omdat ze vertakt zijn gebruiken allerlei enzymen deze aminozuren net iets makkelijker dan andere aminozuren. Deze BCAA's worden daardoor in grote(re) hoeveelheden afgebroken tijdens intensieve langdurige lichaamsbeweging. Daarnaast zijn ze prominent aanwezig in de spieren (70% van het totale spiereiwit).

Ons lichaam beschikt zelf niet over de enzymen om leucine, isoleucine en valine aan te maken. Alleen door bepaalde voedingsmiddelen te eten kan het lichaam BCAA's aan de spieren leveren. Deze BCAA's zijn nodig voor een toekomstige zware inspanning, daarom is het belangrijk dat deze drie aminozuren in je voeding en/of supplement zitten.

De negen essentiële aminozuren en BCAA's

- Histidine
- Isoleucine
- Leucine
- Lysine
- Methionine
- Fenylalanine
- Threonine
- Tryptofaan
- Valine

Wanneer je bewust een situatie van negatieve energiebalans creëert is het belangrijk dat er voldoende eiwit in je voeding zit en dan vooral voldoende BCAA's. Veel duursporters streven een zo laag mogelijk lichaamsgewicht na, of verbruiken meer energie dan ze met hun eten binnen krijgen. Daardoor raken ze in een negatieve energiebalans waardoor er spierweefsel wordt afgebroken. Noodgedwongen worden de spiereiwitten als energiebron gebruikt tijdens inspanning. Er ontstaat een verhoogde oxidatie van het aminozuur leucine dat rechtstreeks de eiwitsynthese (spieropbouwproces) stimuleert.

WEETJE
Het lijkt alsof spieren een soort sensor hebben voor leucine. Als een spier leucine opmerkt zet het de aanmaak van spiereiwitten een tandje hoger.

WELKE EIWITTEN ZIJN ER?

Er zijn dierlijke en plantaardige eiwitten. Dierlijke eiwitten zitten vooral in vlees, vis, melk, kaas en eieren. Plantaardige eiwitten zitten in soja, brood, graanproducten, peulvruchten, noten en paddenstoelen.

Voor sporters worden eiwitten vaak onderverdeeld in snelle en trage eiwitten. Snelle eiwitten worden sneller en gemakkelijker door het lichaam opgenomen en neem je (zo snel mogelijk, liefst binnen 30 tot 60 minuten) na inspanning of bijvoorbeeld in de ochtend. Trage eiwitten worden langzamer opgenomen en kun je nemen op vrije dagen of bijvoorbeeld een uur voor het slapen gaan, zodat je spieren 's nachts de kans krijgen optimaal te herstellen.

Snelle eiwitten: whey, ei, soja
Langzaam eiwit: caseïne (een dierlijk eiwit dat in melkproducten voorkomt. Bijvoorbeeld in melk, yoghurt of kwark)

BIOLOGISCHE WAARDE (BW)

De biologische waarde zegt iets over de kwaliteit van een eiwit. Een hoge biologische waarde houdt in dat er relatief veel essentiële aminozuren in de juiste verhouding aanwezig zijn. Deze verhouding komt overeen met die in het menselijk lichaam.

Hoe optimaler de samenstelling van het eiwit (structuur en verhouding) hoe sterker het lijkt op lichaamseigen eiwitten en hoe beter het lichaam het eiwit kan benutten. Hoe hoger de BW hoe meer essentiële aminozuren in het eiwit zitten. Een heel ei heeft bijvoorbeeld de biologische waarde 100 gekregen. Het eiwit van koeienmelk ligt op 75 en die van sojabonen op 73. Een hoogwaardig caseïne eiwit heeft een biologische waarde die tegen de 80 zit, whey isolaat kan zelfs een biologische waarde van 130 hebben.

Door eiwitten met een hoge en een lagere biologische waarde te combineren kun je tot een veel hogere BW komen. Eiwitbronnen kunnen elkaar dus aanvullen. Dit is een uitkomst voor vegetariërs en veganisten.

Goede combinaties zijn bijvoorbeeld:
Graan + peulvruchten
Graan + (zure) melkproducten
Graan + ei
Aardappelen + ei
Aardappelen + tarwe
Aardappelen + (zure) melkproducten
Groente + haver
Groente + rogge
Groente + ei
Groente + sesamzaad

De NEB (netto eiwitbenutting) is een maat voor de verteerbaarheid en opnamemogelijkheid van een eiwit in het lichaam. Plantaardige eiwitten hebben vaak een lagere biologische waarde, maar vaak ook een lagere NEB. Dit heeft alles te maken met het feit dat veel plantaardige eiwitten ook anti-nutriënten kunnen bevatten. Deze antistoffen zijn storende stoffen die de plant van nature aanmaakt om zichzelf te beschermen tegen parasieten, schimmels en virussen etc. De storende stoffen vertragen de opname van het eiwit.

PDCAAS VERSUS DIAAS

PDCAAS staat voor:

Protein Digestibility Corrected Amino Acid Score. Dit is het criterium voor de eiwitkwaliteit opgesteld door de World Health Organisation. Deze PDCAAS vergelijkt het gehalte aan essentiële aminozuren van een bepaald eiwit (test-eiwit) met die van een ander eiwit (referentie-eiwit). Dit geeft een score tussen 0 en 100%. Deze score wordt vervolgens gecorrigeerd met de verteerbaarheid van het eiwit (ook tussen 0 en 100%). Hier komt een getal uit tussen de 0 en 1. Met andere woorden: met de PDCAAS geef je aan hoe snel het eiwit wordt verteerd. Hoe sneller een eiwit wordt verteerd hoe sneller ons lichaam het kan opnemen en benutten. Dit zijn dus de snelle eiwitten waar we het eerder over hadden.

DIAAS staat voor:

Digestible Indispensable Amino Acid Score. Dit is een nieuwe manier van het meten van de eiwitkwaliteit, opgezet door de Food and Agriculture Organization van de Verenigde Naties. Volgens onderzoekers zou dit een nauwkeuriger manier zijn dan de PDCAAS. DIAAS corrigeert namelijk eventuele fouten, waardoor er een nauwkeuriger eiwitkwaliteitsscore gegeven wordt. Om het iets duidelijker uit te leggen: bij het meten van DIAAS wordt gekeken naar de verteerbaarheid van de 9 essentiële aminozuren afzonderlijk in tegenstelling tot de PDCAAS die kijkt naar de verteerbaarheid van het totale eiwit.

Eiwitrijke producten BW, NEB, PDCAAS & DIAAS

Product	BW	NEB	PDCAAS	DIAAS
Lichaamseigen eiwit	100	100	1	1,4
Kippenei (heel)	96	93	1	1,2
(Koe)melk	90	86	1	1,32
Vis	79	77		
Varkensvlees	79	79		
Rundvlees	76	76	0,92	1,1
Witte rijst	75	70	0,5	0,58
Sojabonen	75	72	0,91	0,9
Aardappel	71	67	0,7	0,6
Tarwegluten	64	67	0,4	0,4
Peulvruchten	35	52	0,6	0,63

Bronnen: Wolfe, R.R.. (2015). Nutrition Reviews. & Michaelsen, K.F. et al. (2008). University of Copenhagen.

Eiwitrijke producten

Product	Eiwitgehalte (gram) per 100 g	Vet per 100 g
Soja eiwitisolaat	88	4
Whey eiwit-hydrolysaat	85	0
Whey eiwit-isolaat	84	1,5
Caseïne eiwit	80	1,6
Krekels (gevriesdroogd)	69,5	15
Garnalen (gedroogd)	63	2
Spirulina	60	8
Buffalowormen (gevriesdroogd)	57	30
Sojabonenmeel (ontvet)	50	2,5
Sojabonenmeel	37	24
Sojabonen (gedroogd)	36	20
Zelfgemaakt eiwitpoeder (soja)	36	19
Kaas 20+	33	12
Kipfilet (bereid)	31	4
Chiazaad	31	17
Runderbiefstuk (bereid)	29	3,2
Varkenshaas (bereid)	28	4
Tonijn uit blik (op water)	26	0,8
Pinda's (ongezouten)	25	52
Garnalen uit blik (op water)	24	1,9
Pindakaas	22,4	57
Amandelen zonder vlies	22	56
Kikkererwtenmeel	22	1,5
Limabonen (gedroogd)	21,5	0,7
Cashewnoten (ongezouten)	21	50
Linzen (gedroogd)	21	1,5
Zelfgemaakt eiwitpoeder (plantaardig)	20	3,5
Ei (gekookt)	12,5	9
Tempeh	12	7
Cottage cheese	12	4
Skyr	11	0
Magere kwark	8,5	0,1
Witte rijst (ongekookt)	7	1
Sojayoghurt naturel	4	2,3
Witte rijst (gekookt)	3,2	0,3

EIWITPOEDERS EN PREPARATEN VOOR SPORTERS

Er bestaan veel verschillende eiwitpreparaten. De een nog duurder dan de ander. Waar het om gaat zijn de aminozuren waaruit een eiwit bestaat. Niet alleen krachtsporters, maar ook duursporters hebben baat bij de juiste soort eiwit op het juiste moment. Voor de meeste sporters geldt dat ze al voldoende eiwitten binnenkrijgen via hun basisvoeding. Sport je intensiever of langdurig dan heb je wellicht baat bij een eiwitpreparaat als aanvulling op het eiwit uit je basisvoeding.

Soorten eiwitpreparaten:

Whey-eiwit

Wei (whey) ontstaat wanneer melk door een filter wordt geperst met als doel kaas te maken. Dat wat achterblijft in het filter wordt gedroogd en zo ontstaat weipoeder. Dit poeder bestaat uit vet, koolhydraten in de vorm van melksuiker (lactose) en 30 tot 90% eiwitten.

Whey-concentraat

- Bevat lactose; 4 tot 6%.
- Bevat gemiddeld 70 tot 85% eiwit. De rest zijn vetten en koolhydraten.
- Is een snel eiwit: na ongeveer 1,5 tot 2 uur komen de aminozuren vrij in je bloed.
- Ideaal neem je een whey-eiwit 2 uur voor je training, en binnen 30 tot 60 minuten na afloop van je training.
- Het is vrij dik en heeft een rijkere smaak dan whey-isolaat. Het mengt goed.

TIP

Op bladzijde 75 staat een recept om je eigen
eiwitpoeder te maken.

Whey-isolaat

- Pure vorm van eiwitten.
- Bevat gemiddeld 90 procent eiwit.
- Aminozuurprofiel is volledig.
- Door zuiveringsmethodes is dit een duurder product.
- Typische smaak.

Whey-hydrolisaat

- Extra bewerkt met enzymen, hierdoor worden de aminozuurketens al voorgeknipt waardoor deze direct kunnen worden opgenomen door de darmen.
- Geschikt voor mensen die lactose-intolerant zijn.
- Minst lekkere smaak van alle eiwitpoeders. Dit komt door de losse aminozuren; die geven een aparte smaak. Veel poeders bevatten daarom ook smaak- en geurma kers om het toch nog lekker te maken.

Caseïne-eiwit

Dit is een melkeiwit dat wat moeilijker wordt opgenomen en verteerd, doordat het lactose bevat. Lactose is een koolhydraat dat eerst afgebroken moet worden voordat ons lichaam het kan opnemen. De opname en vertering van melkeiwitten gaat dus langzaam. Omdat het langzamer verteerd wordt, worden de aminozuren uit caseïne gedurende een veel langere en constantere periode vrijgegeven via je bloed aan je spieren.

Caseïne neem je bijvoorbeeld voor het slapen gaan. Caseïne zorgt voor een 5 tot 8 uur durende afgifte. Dit vertraagde effect treedt op bij minimaal 50% caseïne in een eiwitmix. Als variatie hierop is er ook het melkeiwit PeptoPro, wat al is voor verteerd en daardoor dus een snel eiwit is.

Hoe meer eiwitten je eet, hoe groter je spieren? Nee, meer eiwitten eten dan je lichaam nodig heeft of kan verwerken leidt niet tot een snellere of betere eiwitsynthese, maar kan juist leiden tot eiwitoxidatie. Hoeveel je maximaal aan eiwitten kunt innemen hangt af van je gewicht, hoe vaak en hoe zwaar je sport, hoeveel kcal je in totaal eet, maar ook van de hoeveelheid spieren (vetvrije massa) die je hebt. Raadpleeg hiervoor een sportdiëtist die voor je kan berekenen welke inname voor jou optimaal is. Vooralsnog is vier keer per dag 20 tot 30 gram de regel die vaak wordt gehanteerd.

20 gram eiwit staat gelijk aan:
- 500 ml melk of yoghurt
- 200 ml kwark of vla
- 80 gram biefstuk, tonijn of kipfilet
- 150 gram ei of vleesvervanger
- 250 gram bonen
- 120 gram gemengde noten

SOJA

De laatste tijd zien we veel negatieve berichten over soja. Dit heeft te maken met bepaalde antistoffen in ongefermenteerde sojaproducten zoals tofu, sojamelk, sojatoetjes en soja-eiwitshakes of -poeders. Dit geldt alleen als je dagelijks grote hoeveelheden soja eet. Houd je je gewoon aan een normale portie per dag dan is er niets aan de hand en kan het zelfs positieve effecten hebben op de gezondheid.

Als veilige dosis worden twee porties soja per dag genoemd. Eén portie is een glas sojamelk (200-250 ml) of bijvoorbeeld een halve kop tempé, sojabonen of sojavlees. Kies daarnaast voor biologische, niet-gemodificeerde sojaproducten. Eet niet dagelijks steeds dezelfde sojaproducten. Ook hier is variatie het toverwoord.

WAAROM GEBRUIKEN?

Eiwitpreparaten helpen spieren bij hun herstel, zorgen voor spierbehoud en ondersteunen de spiergroei. De perfecte eiwitbron bevat tenminste de drie specifieke essentiële aminozuren (de BCAA's genoemd), maar bevat bij voorkeur alle negen essentiële aminozuren.

Het meest optimale is een natuurlijke eiwitbron van dierlijke of plantaardige afkomst, die het liefst zo weinig mogelijk verzadigd vet en organisch ijzer bevat. Voorbeelden van dierlijke eiwitbronnen zijn: magere kwark, mager vlees, tonijn, garnalen of bijvoorbeeld een ei. Voorbeelden van plantaardige eiwitbronnen zijn: soja, peulvruchten, spirulina, bonen, noten en zaden.

Plantaardige eiwitbronnen hebben een lagere biologische waarde (BW) en netto eiwitbenutting (NEB) dan dierlijke eiwitten, maar varieer je met deze voedingsmiddelen dan zit je ook met plantaardige eiwitbronnen goed als het gaat om het binnenkrijgen van alle essentiële aminozuren.

Een eiwitpreparaat is voor sporters met een hoge(re) eiwitbehoefte een goed alternatief voor een eiwitrijk voedingsmiddel, omdat een preparaat wel de hoogwaardige eiwitten bevat, maar niet de vaak ongewenste (verzadigde) vetten. Ook zijn ze gezuiverd en vaak goedkoper dan bijvoorbeeld een stuk vlees én is een preparaat na het sporten sneller tot je te nemen.

Een eiwitpreparaat biedt dus uitkomst als je duidelijk meer eiwitten nodig hebt; bij een verhoogde behoefte de kortste klap. Voor sporters met een lactose-intolerantie biedt een plantaardig eiwitpoeder of een whey-hydrolisaat uitkomst. Vegetariërs en veganisten kunnen soja of een ander soort plantaardig eiwitpreparaat kiezen. Soja-eiwit heeft een mild cholesterolverlagend effect, bevat vrijwel geen verzadigde vetten (je kunt ontvet sojameel kopen of soja proteïne-isolaat) en het bevat als één van de weinige plantaardige eiwitbronnen wel alle essentiële aminozuren.

Eiwit type	BW	PDCAAS	Compleet aminozuur profiel	Wanneer eten	Pluspunten	Minpunten
wheyconcentraat	104	1	ja	ochtend | voor en na training	hoog in BCAA's | wordt snel verteerd en opgenomen | meestal glutenvrij | bevordert spiergroei | makkelijk te gebruiken | betaalbaar | prima smaak	bevat een kleine hoeveelheid lactose | ongeschikt voor veganisten
wheyisolaat	159	1,14	ja	ochtend | voor en na training	hoog in BCAA's | wordt snel verteerd en opgenomen | meestal glutenvrij | bevordert spiergroei | makkelijk te gebruiken | betaalbaar | hoge BW	bevat een kleine hoeveelheid lactose | ongeschikt voor veganisten | duurder dan wheyconcentraat
caseïne	77	1	ja	voor het slapen gaan	hoog in BCAA's | wordt langzaam verteerd en opgenomen | bevordert spiergroei | vermindert spierafbraak	ongeschikt voor veganisten | verergert mogelijk de reactie op melkproducten bij mensen met een lactose-intolerantie
eiwit	100	1	ja	ochtend | voor en na training	hoog in BCAA's | wordt snel verteerd en opgenomen | meestal glutenvrij | bevordert spiergroei	niet heel lekker | ongeschikt voor veganisten
erwt	65	0,69	ja	ochtend	geschikt voor veganisten | bevat meer aminozuren dan rijst of hennep	duur | niet heel lekker | veel poeder nodig
rijst	83	0,47	nee	ochtend	geschikt voor veganisten	lage biobeschikbaarheid | duur
hennep	--	0,46	ja, maar laag gehalte	ochtend	geschikt voor veganisten | bevat veel vezels	lage biobeschikbaarheid | duur | niet heel lekker | textuur
soja	73	1	ja	ochtend | voor en na training	geschikt voor veganisten | meestal glutenvrij | bevat vezels | complete aminozuurscore | stimuleert de spieropbouw	wordt omgezet tot oestrogeen | mag niet gebruikt worden als je schildkliermedicatie gebruikt

INTOLERANTIE OF ALLERGIE?

Lactose-intolerantie is niet hetzelfde als koemelkallergie. In beide gevallen zorgt het drinken van melk voor bepaalde klachten, maar de oorzaak is verschillend. Bij lactose-intolerantie kan je lichaam de lactose die in de melk zit niet voldoende verteren. Iemand met koemelkallergie daarentegen reageert allergisch op de eiwitten die in de melk(producten) zitten. Lactose komt niet in alle melkproducten voor, melkeiwit wel.

Voedingswaarde van alle SPORTables per 100 gram

RECEPT	Bladzijde	Kcal	Vet	V.vet	Koolhydraten	Eiwit	Veze
DUURSPORT							
Cornflakes bietenreep	36	234	3,4	0,3	68	4,6	2,9
Aarbeipannenkoekjes	37	133	2,4	0,7	20	8,2	1,1
Noten vijgen rijstreep	38	191	3,5	0,3	35	4	2,2
Snel meeneembrood	39	173	1,8	0,2	35	3,1	1,3
Broodreep met fruit en noten	40	294	9,7	1,6	42	7,3	4,9
Hartige puntkoeken	41	194	4,8	1,5	29	6,6	3,7
Appel bietenwafel	42	192	2,7	0,8	36	6	1,3
Pasta partymuffins	43	77	2,9	0,9	14	5,9	1,4
Snelle haverreep	44	274	3,9	0,7	50	6,9	5,2
Wielrenreepje	45	386	10	5,5	67	5,1	4,1
Oosterse rijstrepen	46	158	1,9	0,5	29	5,4	2
Kokosrijstreep	47	143	3,3	2,4	25	4,2	0,8
Broodrolletjes	48	178	2,3	1,1	29	8,7	2,7
KRACHTSPORT							
Frisse kiwi eiwittruffels	62	279	12	7	23	17	4,3
Kwarkpannenkoekjes	63	168	3,6	1	18	15,7	2,3
Buffalo balls	64	355	15,4	3,8	35	23	8,8
Nicecream	65	138	0,8	0,4	23	8,9	2,1
Pretzel pindamuffins	66	270	6	3,1	19	18,6	14,3
Appeltaart eiwitreep	67	267	5,1	3	33	17	12,3
Limoen maanzaad eiwitbar	68	249	11	0,8	15	16,7	8,3
Chocolade eiwitmousse	69	166	7,3	2,4	14	9,8	3,6
Eiwitbonbommetjes	70	239	0,9	0,7	25	32	0,3
Herstelburgers	72	180	7,8	0,9	17	9,4	4,5
Tropische bountybar	74	288	7,6	5	43	10,8	3,8
Maak je eigen eiwitpoeder	75	n.v.t.	-	-	-	-	-
TEAMSPORT							
Boekweitontbijt	88	232	6,5	0,3	18	3	2,9
Abrikozen eierkoek	89	293	3,1	0,9	57	8,1	2,3
Bananenbrood	90	200	1,8	0,3	40	4,6	4,6
Granola fruitreep	92	305	7	1,3	48	8,5	6,6
Banaan pindawafel	93	194	5,8	1,2	27	7,4	1,9
Overvolle broodmuffins	94	211	7	1,5	23	12	3,3
Hartige rijstreep met spek en ui	96	174	2,6	0,65	33	4,3	1,1
Mix & matchreepjes (voorbeeldreep)	97	552	38	6	44	6	4
Banaan lijnzaadcrackers	98	180	6,1	0,8	8	18	5,5
Stevige eierkoek	99	242	5,1	1,5	36	12,4	2
Hartige krekelstengels	100	323	18	8,6	25	16,5	0,5
Ballerina barre	102	320	11,5	1,1	45	9,2	7,8
Knalgroene pannenkoekjes	103	128	3,4	1,2	13	9,5	2,7

ht	Natrium mg	Kalium mg	Calcium mg	Magnesium mg	IJzer mg	Vit E
	154	235	49	26	0,7	1,4
	49	162	62	14	0,7	0,9
	130	272	74	57	1,3	1,3
	37	148	4	20	0,6	0,4
	58	509	70	58	1,8	2,9
	98	351	100	66	2	0,6
	141	135	21	2	0,9	1,1
	304	22	65	25	1,9	1,8
	28	307	46	73	2,4	0,9
	51	281	128	27	0,6	0,6
	125	206	53	24	1,8	0,1
	34,3	155	14	16	0,7	0,2
	120	119	16	10	0,4	0
	26	323	191	35	0,4	0,1
	40	223	119	35	1,2	0,86
	60	-	-	-	-	-
	0	429	138	50	0,3	0,2
	3	140	68	43	3,1	3,1
	40	294	199	64	2,1	0,5
	15	65	58	8,6	1,6	0
	14	459	41	110	4	4,4
	5,3	81	268	35	0,3	0
	55,4	322	67	23	8,6	0,32
	137	505	336	53	0,7	0,1
	-	-	-	-	-	-
	24	246	83	51	1,2	0,3
	90	316	31	16	1,3	1,3
	16	319	34	48	1,3	5,6
	143	326	41	46	1,7	1,7
	119	278	35	21	0,8	1,5
	63	215	67	60	2	3,1
	65	121	18	14,4	0,4	0,2
	2	182	35	59	1,3	0,3
	21	232	81	29	0,1	0,2
	104	497	40	17	1,5	1,7
	30	-	-	-	-	-
	73	607	83	63	6,6	0,5
	123	253	107	24	1,6	1

RECEPT	Bladzijde	Kcal	Vet	V.vet	Koolhydraten	Eiwit	Vezel
DRINKEN							
Eiwit karneshake	118	69	0,5	0,3	10	5,6	0,7
Purple gain	119	67	0,8	0,2	9	4,9	1,2
Pumpkin spice eiwitshake	120	61	0,7	0,4	5	9	4,7
Hulkpower	121	104	4,2	0,5	12	2,7	3,1
Oosterse herstelshake	122	100	0,5	0,2	16	6,7	2,3
Aardbeien chocoshake	123	93	4,3	1	10	1,6	3,2
Beet it!	124	40	0	0	9	0,7	0
Hersteldrank	125	40	0,1	0	7	2,3	0
Havermelk	126	55	0,9	0,2	10	2	1,3
Notenmelk	127	82	7,4	0,8	4	2,4	0,1
Rozemarijn sinaasappelwater	128	9	0,1	0	2	0	0,3
Gember limoen honingwater	130	28	0	0	6	0,1	0
Sportdrank	131	22	0	0	6	0	0,2
Energiedrank	132	21	0,1	0	5	0,1	0,1
Vitaminebom	134	49	0,12	0	9	1,7	0
MIDDAGDIP							
Oreo koekjes	146	371	17,9	8,5	45	5,6	3,6
Muffin uit een mok	148	167	3,7	1,1	26	5,8	2,7
Speculoosrepen	149	304	16,5	4,1	33	5	3
Worteltaartbollen	150	297	10,6	0,8	41	5,8	6,4
Meergranen mangofeest	151	212	5,1	1,1	30	8,4	6
Scones	152	242	2,7	0,7	42	10,7	2,3
Notenvruchtenreep	153	329	13,5	2,2	41	8	9,3
Peanutbutterchunks	154	417	24	2,4	39	10	5
Abrikozen cashew quinoareepje	155	219	7,5	1,3	29	6,3	5,1
Banaan chocoreep	156	336	14,4	4,3	38	10	6,9
Gepofte rijsthapjes	157	432	22	10,6	48	7,5	6,7
Roze rijstrepen	158	119	0,2	0,07	25	2,9	1,1

cht	Natrium mg	Kalium mg	Calcium mg	Magnesium mg	IJzer mg	Vit E
	50	212	169	24	0,4	0,4
	29,3	226	76	20	0,2	0,2
	82	163	303	27	0,2	0,2
	40	291	49	23	3,1	1
	58	260	174	30	0,5	0
	6	159	79	43	0,9	0,3
	12	181	4	14	4,6	0
	23	181	38	12	0,1	0,01
	8,4	74	24	22	0,8	0,2
	28	33	44	2	0,6	0
	101	42	12	3	0	0
	94	21	7	3	0,08	0
	50	29	11	3	0,7	0,3
	17	10	6	1	0	0
	50	441	47	21	1	0,24
	101	200	47	49	1,1	0,7
	45	316	30	37	1,3	1,3
	150	237	83	65	2,1	13,7
	69	538	62	62	2,3	37,3
	45	212	44	65	2	1,8
	214	164	45	17	0,9	0,9
	5,3	403	55	68	2	39
	54	333	75	107	1,7	23,4
	41	554	30	52	1,9	1,3
	5,4	507	53	108	2,5	5,8
	26	205	29	70	2,2	4,3
	5,2	77	19	11	0,5	0,1

INDEX RECEPTEN PER HOOFDSTUK

DUURSPORT

KRACHTSPORT

TEAMSPORT

INDEX RECEPTEN PER HOOFDSTUK

KARIN LAMBRECHTSE

Karin Lambrechtse (1981) begon met dansen op zesjarige leeftijd. Nadat ze een aantal jaar competitief danste en Nederlands Kampioene Jazzdans werd maakte ze de overstap naar moderne dans en later ballet. Ze kreeg een contract bij Introdans, één van de grootste dansgezelschappen in Nederland. Hier was ze tien jaar lang één van de gezichtsbepalende danseressen.

Momenteel werkt Karin als freelance danseres, choreograaf en dansdocent bij verschillende gezelschappen en instellingen, zowel nationaal als internationaal. Sinds 2014 studeert ze Voeding & Diëtetiek aan de Haagse Hogeschool en volgde ze de minor Sportvoeding aan de Hogeschool Arnhem Nijmegen. Ze specialiseert zich in de richting sportvoeding en voeding voor dansers. Karin heeft naast haar passie voor de dans een grote liefde voor koken, sporten (wielrennen, fitness) en gezondheid, is verslaafd aan (zelfgemaakte) pindakaas en maakt sinds jaar en dag haar eigen sportvoeding.

ELINE VAN DER RAAD

Eline van der Raad (1987) is (sport)diëtist in opleiding. Naast haar ambitie om (top)sporters te begeleiden is ze zelf fanatiek hardloopster. Met enige regelmaat loopt ze halve marathons of verder, maar ook het trailrunnen is favoriet. Als fervent duursporter weet ze als geen ander hoe moeilijk en frustrerend het kan zijn om onderweg niet de juiste voeding bij je te hebben.

Eline heeft zelf eindeloos veel met sportvoeding geëxperimenteerd om voor zichzelf de perfecte sportvoeding te maken voor, tijdens en na het hardlopen. Deze persoonlijke ervaringen, en haar uitgebreide theoretische kennis heeft ze allemaal in dit boek gestopt. Zodat vanaf nu iedereen op pad kan met gezonde, verantwoorde en functionele SPORTables!

DANKWOORD

Bedankt lieve vrienden, partners en familie! Voor het geduld en tolereren van onze schrijfuit-spattingen en stressmomenten. Vaak vergaten we de wereld om ons heen, vooral tijdens de eindsprint(s) van dit kookboek. Dank ook aan enkele zeer enthousiaste docenten van zowel de Haagse Hogeschool (Lucita) als de HAN (Cindy & Saraï) die ons verschillende mogelijk-heden gaven om onze sportrepen te testen en te presenteren.

Sportieve dank aan alle (top)sporters die enthousiast reageerden en verschillende recepten voor ons hebben gemaakt en getest tijdens inspanning: Erik, Janneke & team, Bram, Jabik Jan & baanwielerteam, Jan-Willem, Mark, Iris, Mendy, Collin, Sasja en studenten van de minor Sportvoeding aan de HAN. Jullie hebben ons allemaal veel nuttige feedback gegeven!

Dank ook aan onze studiegenoten (Cathelijne, Sara en Denise) voor jullie hulp bij het maken van alle recepten voor de fotoshoot!

Dankjewel Marije, met jou ontstond ergens begin 2014 het idee om alle recepten die ik maakte en meenam naar trainingen en voorstellingen uit te schrijven en een boek vol sport-repen te maken.

In dit sportkookboek is alle informatie toegankelijk gemaakt voor elke lezer die het in zijn of haar handen neemt. Dit prikkelde ons de sportfysiologische materie anders te verwoor-den en verder te denken dan de neus lang is. Hierbij speciale dank aan Jabik Jan voor het sparren en zijn hulp bij de diepgravende onderwerpen.

Trots zijn wij op onze samenwerking met duurzame drukkerij Tienkamp, fotografe Saskia Lelieveld en de vormgevers van Rocket Industries die op een krachtige manier vorm gaven aan dit boek.

Karin & Eline